国际法新视野研究丛书

本书属于武汉大学自主科研项目（人文社会科学）研究成果，得到"中央高校基本科研业务费专项资金"资助

国际法视角下的
欧盟共同外交与安全政策研究

周晓明 著

WUHAN UNIVERSITY PRESS

武汉大学出版社

图书在版编目(CIP)数据

国际法视角下的欧盟共同外交与安全政策研究/周晓明著 .—武汉：
武汉大学出版社,2013.11
国际法新视野研究丛书
ISBN 978-7-307-11999-4

Ⅰ.国⋯　Ⅱ.周⋯　Ⅲ.①欧洲国家联盟—对外政策—研究　②欧洲
国家联盟—国家安全—政策—研究　Ⅳ.D814.1

中国版本图书馆 CIP 数据核字(2013)第 252071 号

责任编辑:胡　荣　　　责任校对:汪欣怡　　　版式设计:马　佳

出版发行:**武汉大学出版社**　(430072　武昌　珞珈山)
(电子邮件:cbs22@ whu. edu. cn　网址:www. wdp. com. cn)
印刷:湖北恒泰印务有限公司
开本:720×1000　1/16　印张:14　字数:198 千字　插页:2
版次:2013 年 11 月第 1 版　　2013 年 11 月第 1 次印刷
ISBN 978-7-307-11999-4　　　定价:30.00 元

前　　言

　　欧洲联盟,作为一体化的区域性组织,涉及经济、政治、安全、军事等诸多领域,堪称区域性组织发展的典范。共同外交与安全政策(Common Foreign and Security Policy)作为欧盟对外政策的重要内容,其政策效力的发挥对于欧盟能否在国际舞台上发挥作用起关键性作用。

　　自《马斯特里赫特条约》成立欧洲联盟并确立欧盟三大支柱,到 2009 年《里斯本条约》的正式生效,欧盟共同外交与安全政策作为三大支柱之一,就一直是欧美学者研究的焦点和难点。所谓焦点,在于欧盟共同外交与安全政策是欧洲联盟的三大支柱之一,对于欧盟能否对外"用统一的声音说话"意义重大;所谓难点,在于共同外交与安全政策规范本身内容庞杂,受国际形势影响很大,欧盟条约修订频繁,每次修订,都对共同外交与安全政策规范做了不同程度的调整,为学者从事研究造成很大的难度。因此,有关欧盟共同外交与安全政策法律问题的研究,历来就具有十分重要的意义。

　　《里斯本条约》生效以后,欧盟取消了三大支柱的划分,将对外政策的目标统一规定,以增强对外政策的行动能力和有效性。基于这一目的,共同外交与安全政策也被进行相应的调整,如明确欧盟在共同外交与安全政策领域的主体地位和能力范围,赋予欧盟法院一定程度的司法审查权等。在这一背景下,从国际法的视角研究《里斯本条约》下的欧盟共同外交与安全政策,就具有了重要的理论与现实意义。

　　从理论层面看,《里斯本条约》生效后,作为区域一体化体制最杰出的代表,欧盟通过其独特的法律体系和治理结构,不仅对

28 个成员国①，也对整个世界的经济、政治、安全、社会、环境、科技、教育、文化、能源等领域的合作与发展产生了重要影响。然而，相比较而言，素有"经济巨人"之称的欧盟，在政治层面的对外行动能力却相对薄弱，大大影响了欧盟对外行动能力的发挥。自 20 世纪 90 年代以来，欧盟对外政策的有效性尤其是共同外交与安全政策的有效性已经成为欧盟改革和发展的重点所在，也是世界各国理论界关注的焦点。然而，在欧盟共同外交与安全政策的研究中，与其有关的法律问题却很少受到学者的关注。究其原因，一方面是这一领域的政治合作属性较浓而法律属性不很明显，大多数具有"软法"（soft law）的性质；另一方面在于这一领域的法律体系主要建立在各成员国合作的基础上，具有"政府间主义"（inter-governmentalism）的性质。而事实上，《里斯本条约》生效后，随着欧盟共同外交与安全政策法律体系的不断完善，以及欧盟对外主体地位和活动能力的不断加强，产生的法律问题也越来越多，诸如欧盟的法律主体资格如何界定、共同外交与安全政策的法律体系如何、其法律渊源和效力如何、欧盟共同外交与安全政策法如何贯彻、它与成员国国内法的关系如何、欧盟法院在共同外交与安全政策领域的司法审查权限等很多法律问题有待于从理论上进一步明确。

从现实层面看，当代国际政治经济秩序以及与之相适应的国际法律秩序一直处于不断变革之中，《里斯本条约》也是在这一国际大背景的影响下签署的。适应当代国际政治经济秩序的欧盟法律体系，可谓"自成一类"（sui generis），它一方面在诸多领域成为国际法律秩序的引领者，另一方面又为国际法律秩序在处理稳定与变革问题上带来一系列挑战。欧盟共同外交与安全政策法律体系就是这方面的重要代表。欧盟共同外交与安全政策是成员国之间的政治合作，其中复杂多变的国际关系和利害交错的国家利益会对欧盟共同外交与安全政策产生重要影响。可以说，从微观看，欧盟共同外交

---

① 《里斯本条约》生效时，欧盟有 27 个成员国。2013 年 7 月 1 日，克罗地亚成为欧盟第 28 个成员国。

与安全政策的每一个具体决议本身就是一个变数很大的政治现象，它随成员国国家利益、欧盟内部利益乃至国际社会大环境的变化而变化，它主要回答"欧盟或成员国怎么做和为什么这么做"这个问题。但从宏观而言，它并非无规律可循，欧盟成员国普遍认可的价值标准、各成员国共同追求的宗旨和目标、成员国自觉遵循的行为和活动的准则便是这复杂多变的国际局势和政策背后，指导欧盟做出有关具体决议，规范各成员国贯彻具体决议的法律规范。欧盟共同外交与安全政策法律规范主要回答"欧盟或欧盟成员国应该怎么做或应该会怎么做"这一问题。这也正是当今复杂多变的国际形势下，欧盟、欧盟成员国乃至与欧盟有关的第三国都十分关注也迫切需要解答的重要问题。

对我国而言，作为世界上最大的发展中国家，我国与世界上最大的区域性组织——欧盟在经济、法律、教育、政治、军事等很多方面都有很多官方和民间合作，中欧关系一直处于稳定与快速发展之中。欧盟不仅是中国最重要的贸易伙伴之一，而且已成为中国重要的战略伙伴，双边合作已经涉及政治、军事、经济、人权、法律、反恐、环保、体育、教育、职业培训等广泛领域。了解欧盟共同外交与安全政策法律体系的内容、作用和效力，了解欧盟的法律地位和能力范围，对于我国更有针对性地与欧盟开展对外关系，具有重要的指导意义。

基于上述考虑，本书中最新版本的欧盟条约即以 2009 年生效的《里斯本条约》下的共同外交与安全政策为研究对象，从国际法视角对《里斯本条约》框架下的欧盟共同外交与安全政策的法律问题进行系统研究，包括欧盟在共同外交与安全政策领域的法律地位、欧盟权能的性质和范围、通过具体案例分析欧盟法院司法审查权的权限与确定标准，以及共同外交与安全政策的决策程序、执行程序和机构权限划分等，从而为我国应对欧盟共同外交与安全政策的新机制提供理论借鉴。

全书除引言、结语以外，共分五章对共同外交与安全政策法律问题进行论述。

第一章回顾欧盟共同外交与安全政策法律机制的发展历程。欧盟共同外交与安全政策的发展经历了三个标志性阶段：第一个阶段是 1957—1991 年具有"软法"性质的松散的政治合作时期，"全体一致同意"、"保密性"和"协商"是这一时期共同外交与安全政策的特点；第二个阶段是 1991—2009 年的条约法时期，这一时期共同外交与安全政策的特点是欧盟具备了默示主体资格，规范了共同外交与安全政策的目标、宗旨和执行机制，但规定过于宽泛、强制力差，超国家因素很弱；第三个阶段是 2009 年《里斯本条约》框架下的欧盟共同外交与安全政策法律机制，是超国家因素和政府间因素共存的时期。在《里斯本条约》框架下，共同外交与安全政策的超国家性主要表现在：欧盟被赋予独立的法律人格，取消三大支柱的划分，统一欧盟对外政策的目标和宗旨，简化欧盟机构，设立欧盟外交与安全政策高级代表以协调欧盟对外政策和促进欧盟对外行动的一致性和有效性，在共同外交与安全政策决策程序上扩大有效多数表决机制的适用范围，鼓励成员国在外交与安全领域灵活合作等；政府间因素主要表现在：就决策程序而言，全体一致同意仍旧是居于主导地位的决策方法，具有政府间性质的欧洲理事会是共同外交与安全政策的最高决策机构，欧洲议会在该领域没有立法权，仅有有限的监督、质询和一定程度的财政预算权，欧盟法院在该领域的司法监督范围十分有限等。

　　第二、三、四、五章是本书的主体部分，主要讨论共同外交与安全政策的若干基本法律问题。第二章论述共同外交与安全政策的法律宗旨和目标、欧盟在共同外交与安全政策领域的权能、欧盟的法律主体地位等。欧盟共同外交与安全政策的法律宗旨和目标是欧盟一般宗旨和目标在共同外交与安全政策领域的表现。因此，欧盟共同外交与安全政策既遵循发展和巩固民主、法治，尊重人权和国际法基本原则等欧盟一般宗旨和目标，也遵循保卫共同价值、基本利益和联盟独立、统一和安全，维护和平，加强国际安全等欧盟对外政策的特殊宗旨；就共同外交与安全政策权能而言，《里斯本条约》强调欧盟在共同外交与安全政策领域的权能涵盖外交政策的所有领域和欧盟安全的所有问题，但事实上这种界定过于宽泛，关于该领域权能的性质，《里斯本条约》也没有明确规定，但可以肯定的是它既不属于欧盟的排他性权能（例如欧盟在共同商业政策领域所拥有的权能），也不属于分享性权能（例如欧盟在发展合作和人道主义援助领域拥有的权能），而是非排他性（non-exclusive）且不具备优先效力（non-preemptive）的"自成一类"（sui generis）的特殊权能。

第三章分析共同外交与安全政策的制定与执行。就共同外交与安全政策的制定机制与制定机构而言，《马斯特里赫特条约》所确立的共同外交与安全政策法律机制主要是"共同立场"和"联合行动"。《阿姆斯特丹条约》增加"共同策略"为法律机制。《欧洲联盟条约》（Lisbon）第25条将"共同立场"、"联合行动"和"共同策略"统一起来，由欧洲理事会和欧盟理事会统一以"指导方针"和"决议"的方式做出，以简化欧盟对外行动的法律机制。此外，该条赋予欧盟界定共同外交与安全政策的指导方针和强化成员国在该领域的系统合作的权利，但是欧洲议会在该领域仍没有立法权。就决策方法与机构而言，欧洲理事会是最高决策机构，以"决议"的方式确定共同外交与安全政策（包括含有防卫因素）的一般纲领。欧盟理事会负责以"决议"的方式在欧洲理事会所界定的一般纲领和策略利益的基础上设计和执行共同外交与安全政策，全体一致同意和有效多数表决机制是该领域的决策方法。就共同外交与安全政策的执行机制与执行机构而言，欧盟理事会负责发展和贯彻共同外交与安全政策有关措施。欧盟理事会和欧盟外交与安全政策高级代表应确保欧盟在该领域行动的一致性、统一性和有效性。高级代表与成员国在集合欧盟和成员国国内资源基础上共同执行共同外交与安全政策。为更好地实现共同外交与安全政策的目标与宗旨，《里斯本条约》将欧洲理事会正式引入欧盟机构体系中，设立欧洲理事会主席一职，并设立欧盟对外行动署协助高级代表工作，以促进欧盟对外行动一致性和强化欧盟国际主体资格。

第四章讨论欧盟法院对共同外交与安全政策的司法监督权。原则上，欧盟法院在共同外交与安全政策领域不具备管辖权，但以 Kadi 案、ECOWAS 案等为代表的欧盟法院判例对欧盟的民主与法治在欧盟外交与安全政策领域的发展提出了要求，也引发了一系列关于欧盟法与国际法的关系、欧盟的主体资格、欧盟权能分配、欧盟法的效力等级、欧盟法院在共同外交与安全政策领域的管辖权限等一系列问题。《里斯本条约》并没有对上述所有问题做出令人满意的解答，但规定欧盟法院在共同外交与安全政策原则上不具有司法审查权，下列情况例外：审查对自然人或法人的制裁的合法性；审查共同外交与安全政策的执行是否违背《欧洲联盟条约》(Lisbon)第40条的规定或是否侵犯欧盟机构权力；就欧盟签署的国际协定是否违背欧盟基本条约提出法律意见。

第五章论述欧盟共同外交与安全政策的实践。结合欧盟对海湾战争、前南斯拉夫地区冲突、科索沃危机、利比亚战争等国际危机的应对措施，回顾欧盟共同外交与安全政策在实践中的发展历程，分析欧盟共同外交与安全政策的经验与不足，并对《里斯本条约》框架下欧盟共同外交与安全政策的实践做出评价和展望。此外，该部分还特别讨论了欧盟共同外交与安全政策对中欧关系的影响，分析《里斯本条约》框架下发展中欧关系应注意的问题。

结语部分总结《里斯本条约》对欧盟共同外交与安全政策有关规定的特点与存在的问题，对欧盟共同外交与安全政策未来的发展趋势做出展望。《里斯本条约》明确赋予欧盟独立法律人格、统一欧盟对外政策的目标、简化共同外交与安全政策的执行机构、整合欧盟机构，上述举措有利于增强欧盟对外行动领域的一致性和有效性。但同时，《里斯本条约》的有些改革仍旧不够彻底，机构分工不明确、权能界定不清楚、欧洲议会及欧盟法院在共同外交与安全政策领域的权力有限等。《里斯本条约》下的欧盟共同外交与安全政策仍旧是政府间主义与超国家主义相互博弈与妥协的结果。从宪政的视角看，它是欧盟以民主和法治为原则，通过不同层次的决策程序分配权能的结果，是欧盟在对外政策领域行使行政管理权的表现，受条约法和欧盟法原则的双重支配。

在研究方法上，本书综合运用历史、比较以及法条解释、实证、案例分析等法学方法分析政治现象。运用历史分析方法，分析欧盟共同外交与安全政策法律机制的发展历程，探究不同时期共同外交与安全政策的法律特征和内容；运用比较分析方法，分析欧盟在具体对外关系领域，如在对外经济关系和对外政治关系领域的权能的异同，以明确欧盟在对外关系领域的法律地位；运用法条解释方法，分析共同外交与安全政策在不同条约文本中的具体规定，尤其是《里斯本条约》中共同外交与安全政策的具体内容和范围；运用实证分析方法，探求不同成员国对共同外交与安全政策的态度和实践，以解释共同外交与安全政策的发展趋势；运用案例分析方法，分析欧盟法院在共同外交与安全政策领域的司法审查权的权限范围和确定审查权的标准和方法。

目　　录

引　言

有这样一块土地，在这里先后发生了人类历史上 3 次最大规模的战争：30 年战争、第一次世界大战和第二次世界大战；在这里，先后诞生了现代国家体系、现代国际关系、现代国际法和现代区域一体化与全球化。这里就是欧洲。

1991 年，欧洲共同体成员国首脑在马斯特里赫特签署《欧洲联盟条约》(*Treaty on European Union*，TEU)，宣布成立欧洲联盟，确立包括共同外交与安全政策在内的欧盟三大支柱。自此，随着《欧洲联盟条约》的不断修订，作为欧盟三大支柱之一的共同外交与安全政策经历了从松散的政治合作到法律强制力不断增强的发展过程。

《欧洲联盟条约》自 1991 年在马斯特里赫特签署后，共经历过 3 次修订，分别是 1997 年欧盟成员国在阿姆斯特丹修订并签署的版本，2001 年欧盟成员国在尼斯修订并签署的版本和 2007 年欧盟成员国在里斯本修订并签署的最新版本。本书以签署地命名不同版本的《欧洲联盟条约》，即《马斯特里赫特条约》、《阿姆斯特丹条约》和《尼斯条约》。值得一提的是，在里斯本签署的最新版本的条约由修订后的《欧洲联盟条约》和《欧洲联盟运行条约》(*Treaty on the Functioning of the European Union*，TFEU) 两个条约组成，两个条约具有同样的法律效力，统称为《里斯本条约》。本书中的《欧洲联盟条约》(Lisbon) 专指《里斯本条约》中最新版本的《欧洲联盟条约》。

被 28 个成员国所覆盖的欧洲联盟，通过其独特的法律体系和治理结构，在经济与社会发展、外交与安全、警察与刑事司法合作方面不断统一，在世界经济、政治、安全、科技、教育、文化、社会、环境保护、人权等诸多方面发挥着日益重要的作用，在国际舞台上扮演着重要的角色。①

---

① 曾令良：《欧洲联盟法总论——以〈欧洲宪法条约〉为新视角》，武汉大学出版社 2007 年版，第 1 页。

第一章　共同外交与安全政策的
发展历程

　　2007 年 12 月 13 日，欧盟 27 个成员国首脑在葡萄牙首都里斯本签署了《里斯本条约》，该条约由《欧洲联盟条约》和《欧洲联盟运行条约》组成，条约的主要目的在于增强欧盟的民主合法性和欧盟对外行动的有效性、一致性，以增强欧盟在国际舞台上的行动能力。该条约于 2009 年 1 月生效，但各国批准进程比预想的困难得多，一直到 2009 年 11 月 3 日，捷克总统克劳斯宣布签署了《里斯本条约》，成为 27 个成员国中最后一个签署国。至此，27 个欧盟成员国已全部批准该条约，《里斯本条约》成为继《马斯特里赫特条约》后欧洲一体化进程的一个新里程碑。它要解决的是欧盟扩大后的机构与体制问题，但其真正意义在于开始了欧洲一体化重心由经济向政治转移的进程，而这个标志就是共同外交与安全政策的新发展。

　　欧盟共同外交与安全政策(Common Foreign and Security Policy, CFSP)作为《马斯特里赫特条约》所确立的三大支柱之一，具有很强的政治属性，在国际政治与国际关系领域，它受到了国内外学者的普遍关注。回顾欧洲安全机制的历史，从 20 世纪 40 年代末的以传统军事结盟为特点的《敦刻尔克条约》、《布鲁塞尔条约》，到 50 年代初建立超国家的欧洲防务共同体的尝试，再到 70 时代的欧洲政治合作机制，西欧国家走过了一条曲折的探索之路。进入 90 年代后，随着冷战的结束，这些国家终于建立以共同外交与安全政策为重要支柱的欧洲联盟。欧盟共同外交与安全政策是 1991 年《马斯特里赫特条约》所首创的，此后，在《阿姆斯特丹条约》和《尼斯条约》中得到了完善和发展。在夭折的《欧盟宪法条约》中，欧盟共同外交与安全政策也得到了重要的体现。但是，由于《欧盟宪法条约》的夭折，欧盟各国开始重新认识和合作，通过了《里斯本条约》。

在欧盟共同外交与安全政策的不断发展中，欧盟共同外交与安全政策的法律问题很少受到学者的关注，究其原因，一方面是这一领域的政治合作属性较浓而法律属性不是很明显，大多数具有"软法"的性质；另一方面在于这一领域的法律体系主要建立在各成员国合作的基础上，具有"政府间主义"的性质。而事实上，随着欧盟共同外交与安全政策体系的不断完善，欧盟对外主体性质和活动能力的不断加强，欧盟外交与安全政策的法律问题将越来越多，诸如欧盟的法律主体资格如何界定、共同外交与安全政策的法律体系如何、其法律渊源和效力如何、欧盟的共同外交与安全政策法如何贯彻、它与成员国国内法的关系如何等很多法律问题都有待于明确。

第一节　松散的政治合作时期

一、欧洲政治合作下的共同外交与安全政策

欧洲范围内全面的经济一体化最早起源于 1957 年成立的欧洲经济共同体。而欧洲的政治一体化进程则起源于 20 世纪 70 年代的欧洲政治合作，这也是欧盟共同外交与安全政策的雏形。欧洲政治合作(European Political Cooperation，EPC)是欧洲经济共同体六个成员国在外交政策上的非正式协商机制，其目的在于使各成员国在外交上形成一致的方法，以维护共同体的内部利益和国际社会整体利益。其内容主要包括促进国际合作、尊重人权、发展和巩固民主和法治。这一机制主要通过非正式的外交途径实现，各国外交部长定期召开会议，讨论有关政治问题，以服务于欧洲经济共同体条约所设定的经济目标。

从法律的视角看，这一时期的欧洲政治合作具有如下特点：首先，其法律基础是一般国际法原则——全体一致同意。理论上，欧

洲政治合作只能在欧洲共同体各成员国全体一致同意下才能达成。但实践中，各成员国往往回避做出任何明示或正式承诺。因此，欧洲政治合作是一种"政府间"的"软法"，"全体一致同意"、"保密性"和"协商"是主要议事规则。这种成员国间的"君子协议"的法律效力很低，稳定性很差，容易受国际形势的影响而被成员国重新修订或废止。由于这种机制缺乏法律强制力，没有明确规定成员国的义务，也没有一定的法律机构予以保障，其服务于欧洲经济共同体的目标并不能有效实现。

二、《单一欧洲法令》下的共同外交与安全政策

1987 年《单一欧洲法令》(*Single European Act*)首次正式将欧洲政治合作与共同体机构联系起来。该法令第 30 条规定了"欧洲对外政策合作的条约条款"，即各成员国应在依照本国宪法程序的同时依国际条约法规则批准对外政策合作的国际条约。该条第 2 款指出各成员国应互相协商，在考虑本国对外政策立场的同时考虑其他成员国利益，从而努力确立共同对外政策；将欧洲理事会列入共同体机构中，欧洲理事会主席同时担任欧洲政治合作主席，有权提起提案或协调成员国国内立场；政治委员会应确保政策的发展和连贯。欧共体委员会和欧洲议会应与欧洲政治合作保持密切合作，并设立秘书长一职以协助欧洲理事会主席工作。欧洲理事会主席和欧共体委员会应负责确保欧共体和欧洲政治合作所确立的对外政策的一致性。

《单一欧洲法令》的上述改革使欧洲政治合作取得了欧共体创始法的地位，成员国间共同的外交声明不断增加，1986 年和 1991 年各成员国还分别对南非和前南斯拉夫在政治合作的框架内采取了贸易制裁。这一时期的欧共体法院①也在 20 世纪 70 年代中期在有关混合性的国际条约(如涉及欧共体因素和政治合作因素的条约)

---

① 欧盟成立之前，称为"欧洲共同体法院"；欧盟成立之后更名为 European Court of Justice，即"欧盟法院"。

中就欧共体与成员国权力划分问题具有间接管辖权①。1974年欧共体成员国在共同体条约体系之外，成立了欧洲理事会，它由各国政府首脑或国家元首组成，虽然它被理解为是各成员国的政府间会议，具有政府间主义性质，但是随着欧共体委员会主席的加入，这种"政府间"性质的会议成为了欧洲共同体和欧洲政治合作的间接纽带和桥梁。

尽管如此，这个时期的欧洲政治合作仍主要是国际法指导下的政治属性很强的"政府间"的合作，成员国共同对外政策主要通过成员国"全体一致同意"的决议来实现，《单一欧洲法令》并没有赋予共同体任何机构在对外政策领域的立法或缔结条约权。而且《单一欧洲法令》在这方面的规定本身也是一种"软法"，不具有法律强制力，其使用的措辞主要是"应该尽力"、"可以"、"着手"等指导性和建议性的措辞。随后爆发的巴尔干和科威特危机充分暴露了欧洲政治合作的脆弱。②

第二节　三大支柱相结合时期

冷战结束后，为了欧洲一体化发展的内在需要和巩固一体化的成果，欧共体机构及其大多数成员国都积极主张加强联合。同时，20世纪90年代初海湾战争的爆发，欧共体各成员国意见产生分歧，无法形成共同的对外立场，充分暴露了欧洲政治合作机制的弊端。因此，各成员国开始寻求强化欧洲对外政策的愿望。这期间，欧盟共同外交与安全政策随着欧洲联盟的成立以及联盟条约的不断完善而完善。

一、《欧洲联盟条约》中的共同外交与安全政策

1991年，欧盟各成员国在马斯特里赫特签署《欧洲联盟条约》

---

① See e. g. Opinion 1/75, ECR 1355, 1975; Case 181/73, R&V *Haegeman v. Belgian State*, ECR 449, 1974.

② See Navarrete and Egea, *The Common Foreign and Security Policy of the European Union: A Historical Perspective*, CJEL, Vol. 7, 2001, p. 51.

（又称《马斯特里赫特条约》），条约将欧洲政治一体化进程引入条约法体系中，确定欧盟三大支柱分别为共同体事务、共同外交与安全政策和司法与内务政策。其目标是在欧洲共同体内部形成一个市场、货币和政治联盟。①《马斯特里赫特条约》规定的欧盟共同外交与安全政策标志着欧洲在政治与安全领域取得重大进展，主要体现在：一是将防务与军事安全引入了这一机制，规定西欧联盟（Western European Union）是欧盟发展的统一组成部分，负责执行联盟在防务方面的决策；二是欧盟共同外交与安全政策在财政上有了落实，其行政费用被列入共同体预算的组成部分；② 三是欧盟共同外交与安全政策有了总体目标、决策程序和手段。就目标而言，主要有：（1）保卫共同价值、基本利益和联盟的独立；（2）加强联盟及其成员国安全；（3）按照《联合国宪章》原则、《赫尔辛基最后文件》原则、《巴黎宪章》的目标，维护和平，加强国际安全；（4）促进国际合作；（5）发展和巩固民主、法治，尊重人权和基本自由。这五大目标中的前两条强调联盟范围内各成员国的统一，后三条强调联盟以及其成员国应该以国际法和法治原则为基本活动准则。此外，为实现成员国在外交与安全领域的系统合作，条约规定成员国应在理事会内部就任何涉及全体利益的外交与安全政策事项互通情况并彼此磋商，以确保通过其一致行动来尽可能有效地发挥联合影响。在表决程序领域，条约首次将"特定多数同意"原则引入外交政策合作领域，规定理事会以全体一致同意通过决定，但在做出涉及程序问题和条约特指情况的决定时，应适用"特定多数同意"的表决程序。③

---

① 罗志刚、严双伍主编：《欧洲一体化进程中的政治建设——国家关系的新构建》，人民出版社 2009 年版，第 141 页。
② 具体说来，行政费用被列入共同体的预算，但是有关共同外交与安全政策行动上的支出，需要在欧盟理事会全体一致通过由共同体预算支出的情况下，才列入共同体预算，否则，这部分经费由成员国分担。See Article J. 11, Treaty on European Union(Maastricht).
③ 罗志刚、严双伍主编：《欧洲一体化进程中的政治建设——国家关系的新构建》，人民出版社 2009 年版，第 142～143 页。

从法律视角看,《马斯特里赫特条约》最大的贡献在于增强了欧盟共同外交与安全政策的强制力。① 首先从措辞上看,《马斯特里赫特条约》采用了"应该负责"、"应该确保"、"应该支持"、"应该制定并执行"、"应该履行"等命令性法律术语,与《单一欧洲法令》的"软法"性质形成鲜明对比。其次,关于欧盟共同外交与安全政策的制定和执行,不再仅依赖于成员国,而是由欧洲理事会在全体一致同意基础上制定和执行。② 欧盟理事会应在欧洲理事会所确定的一般原则的基础上执行该政策。提案权由欧盟委员会和成员国分享。③ 欧洲理事会主席将在该事项上代表欧盟并执行有关政策。就决策程序而言,与欧共体法律体系的"超国家性"不同,共同外交与安全政策的决策程序是具有"政府间主义"的全体一致决策程序。④ 在外交与领事事项上,对联合国安理会中担任常任理事国的成员国提出了应该分享信息和协商的义务。⑤

可见,成员国在这一时期的共同外交与安全政策中仍发挥着关键性作用。首先,成员国有权在确立共同外交与安全政策和维护本国独立的对外政策之间做出选择。其次,即使成员国选择参与欧盟共同外交与安全政策,这一政策的制定和执行也将由欧盟理事会和成员国共同完成。

总之,《马斯特里赫特条约》虽确立了欧盟共同外交与安全政策的法律地位和机制,并在某种程度上独立于成员国而拥有独立的目标、法律宗旨、法律规则、法律程序和法律机构,但欧盟本身仍不是国际法意义上的国际组织,不具备独立的国际人格,而是成员

---

① See Article J, J.1, J.2, J.3 and J.4, Treaty on European Union (Maastricht).

② Article D and J.8, Treaty on European Union(Maastricht).

③ Article J.8(2), J.8(3), J.9, Treaty on European Union(Maastricht).

④ 在下列情况下例外:在有关通过决议的方式执行联合行动时,采用特定多数表决程序;有关共同外交与安全政策程序性事项适用简单多数表决方式;欧盟理事会通过特定多数方式采取措施执行欧盟对一个或多个第三国实行经济制裁的决议。

⑤ Article J.2, J.5, J.6, Treaty on European Union(Maastricht).

国基于某种共同目标依条约法采用共同行动的一个载体。欧洲议会在共同外交与安全政策的权力十分有限，它只能对共同外交与安全政策的主要方面提出建议，并有权要求欧洲理事会和欧盟委员会就共同外交与安全政策向其予以通报。欧洲共同体法院的管辖权仍被排除在外，共同外交与安全政策不得影响共同体政策的实现，涉及共同外交与安全政策的有关争议，主要由欧盟的政治机构或成员国的机构解决。①

二、《阿姆斯特丹条约》中的共同外交与安全政策

《马斯特里赫特条约》虽然为欧盟共同外交与安全政策的建立奠定了法律依据，但并不能使该政策完全适应冷战后错综复杂的国际形势的挑战，也不能使其满足欧洲政治一体化发展的要求。为此，欧盟成员国在1997年签署了《阿姆斯特丹条约》。

《阿姆斯特丹条约》确定法治原则是欧盟的基础，也是共同外交与安全政策法律体系的基础。② 共同外交与安全政策法律体系对各成员国和欧盟机构具有拘束力。在具体内容上，《阿姆斯特丹条约》对共同外交与安全政策做了较大幅度调整与补充，其重要进展包括：

第一，提升欧盟的职权并重点突出欧盟的主导地位，明确共同外交与安全政策的界定和贯彻由欧盟负责，从而与《马斯特里赫特条约》所规定的由欧盟和成员国共同负责形成鲜明对比。

第二，明确西欧联盟将为欧盟执行人道主义援助、维和、处理危机等任务，并支持欧盟形成欧盟共同外交与安全政策框架下有关防务合作方面的政策，并由欧洲理事会考虑将其并入欧盟的可能性。

第三，设立欧盟共同外交与安全政策高级代表（High Representative）一职，规定欧盟理事会秘书长将作为共同外交与安全政策高级代表，高级代表应协助理事会主席筹划和执行政策措

---

① Article L, Treaty on European Union(Maastricht).

② Article 6(1), Treaty on European Union(Amsterdam).

施，帮助理事会在属于共同外交与安全政策范畴的事务上制定、准备和执行政策决定，在高级代表之下可以建立一个"政策计划与预警小组"(Policy Planning and Early Warning Unit)，高级代表在适当的时候应主席国的要求可以代表理事会与第三方进行政治谈判。

第四，在决策程序上，欧盟理事会仍以全体一致决议，但少数成员国弃权不妨碍决定通过，根据一项共同战略而采取共同立场、联合行动或其他决定，由欧盟理事会以特定多数决议(Qualified Majority Vote)，如果成员国表明它将以本国政策的重要理由反对上述决定通过，则特定多数表决不得进行，但理事会可以通过特定多数决议，将此事项交给欧洲理事会以全体一致决议。弃权的成员国如果做出正式声明，可以不实施决定，但不能阻挠联盟的行动。

第五，在政策措施上，新增"共同战略"政策措施，规定在对成员国具有重要性的领域，通过建立成员国共同战略的形式来实施合作安全的目标，其重要意义在于为确保成员国对外政策的一致性提供了新的手段。

此外，《阿姆斯特丹条约》也充分考虑到共同防务政策发展的客观需要，规定欧洲理事会有权决定共同防务政策的发展动向以及相关具体事务，同时规定共同外交与安全政策的原则和总指导方针中应"包括具有防务意义的事务"①。

三、《尼斯条约》中的共同外交与安全政策

2001 年《尼斯条约》进一步深化和推进了由《阿姆斯特丹条约》规定的一系列改革措施。有关共同外交与安全政策的规定主要包括防卫政策、打击恐怖主义和冲突预防。《尼斯条约》提出的共同安全与防务政策，是共同外交与安全政策发展过程中的又一个里程碑。在共同安全与防务政策的框架下，欧盟逐渐建立了防务指挥与管理机构(三个常设军事机构和欧洲防务局)，同时组建了欧盟独立的军队和警察部队。在表决程序上，《尼斯条约》扩大和强化了

---

① 罗志刚、严双伍主编：《欧洲一体化进程中的政治建设——国家关系的新构建》，人民出版社 2009 年版，第 146 ~ 147 页。

特定多数表决原则的适用范围。在缔结国际条约上，《尼斯条约》规定在共同外交与安全政策领域缔结的国际条约应对欧盟机构具有拘束力，从而默示了欧盟的国际人格。① 此外，《尼斯条约》为推行"强化合作"创造了便利条件，规定不论成员国的数目多少，参加强化合作的国家最少应为 8 个，有关成员国加入强化合作的权利得到加强，欧盟可以在执行共同外交与安全政策的决定时采取强化合作，但不得因此而涉及安全和国防事宜，除共同外交与安全政策领域仍适用全体一致同意外，欧盟理事会对强化合作的批准采取有效多数表决制，成员国不再可能对强化合作集团的成立进行否决。②

总结《里斯本条约》前各时期的共同外交与安全政策，可以发现自 1993 年以来，共同外交与安全政策在机构框架、制度建设、政策实施等领域取得了实质性进展。但共同外交与安全政策依然面临着诸多方面的障碍，这些障碍涉及成员国国家主权、国家利益、共同安全与防务政策的性质与运作机制、军费预算投入、军事研发能力和科技水平等诸多因素。

首先，共同外交与安全政策在成员国层面面临的障碍主要体现在三个方面：一是成员国利益分歧问题。欧洲一体化的历史表明，成员国之间利益是各异的，有时甚至是互相冲突的。当本国利益与他国利益或欧盟利益发生冲突时，各国无疑都把本国利益放在首位。在共同外交和安全政策方面，成员国的利益存在很大分歧。如英国，因其未加入欧元区，防务问题是使其在欧洲舞台上充分发挥作用的突破口，但为保持英美特殊关系，尽可能维护自己独立的政治和军事空间，英国力主将共同外交和安全政策限制在政府间范围内。再如法国出于主权考虑和维护其欧洲大国地位的需要，并不赞成赋予共同外交和安全政策更多的超国家权力而只是主张政府间性质的合作。欧盟的一些中小成员国，往往追随某一大国。成员国因

---

① Article 24, Treaty on European Union(Nice).

② 罗志刚、严双伍主编：《欧洲一体化进程中的政治建设——国家关系的新构建》，人民出版社 2009 年版，第 150～151 页。

自身利益在对外政策上导致的分歧为共同外交和安全政策的发展带来了层层障碍。二是主权情结问题。主权是现代民族国家最基本、最重要的特征。欧洲是现代民族国家的发源地，国家主权观念持久而深刻。各国在历史上曾经为维护独立和主权付出了惨痛代价，对主权自然会格外珍视，在涉及主权让渡时，会小心谨慎地进行顽强的维护。共同外交和安全政策将一体化扩展到非经济领域，开始触及国家主权中最为核心与敏感的部位，在这些所谓的高政治领域要让成员国让渡主权极为困难。欧盟在外交和安全政策这一非常敏感领域的一体化水平很大程度上取决于各国的合作意愿与合作水平，对欧盟领导人改革欧盟体制的能力和决心形成巨大考验。主权情结制约着成员国向欧盟出让更多主权的意愿，从而制约着共同外交与安全政策的发展。三是成员国间缺少共同的战略文化。共同外交和安全政策以及共同安全和防务政策客观地要求成员国之间共享相同的战略文化，而相同战略文化的形成却需要一个长期的过程。在欧盟大家庭中，成员国拥有的战略文化各不相同，对防务和安全、武力的效用、战争的作用以及和平各有各的理解。欧洲在伊拉克战争问题上的分裂就典型地体现了战略文化的分野给成员国内部团结造成的影响。

其次，共同外交与安全政策在欧盟层面所面临的障碍主要体现在制度和经费预算上。按照《马斯特里赫特条约》的规定，共同外交与安全政策一方面被作为第二支柱置于欧盟的总体框架之内；另一方面，它又独立于共同体事务之外，有独立的法律框架。这导致了共同外交和安全政策的复杂性，带来了制度与架构建设、运作效率、经费等一系列制约共同外交和安全政策发展的问题。

一是制度缺陷问题。从运作机制来看，在欧盟框架内，共同外交与安全政策与其他支柱共有的机构主要有欧洲理事会、欧盟理事会、理事会主席、轮值主席国、欧盟委员会和欧洲议会。共同外交与安全政策独有的机制主要有政治与安全委员会、欧盟军事委员会、欧盟军事参谋部、政策规划与早期预警小组。可见，共同外交与安全政策的运作机制庞大而复杂，既有欧盟层面上的，又有成员国政府层面的，两者相互交叉。欧洲理事会的位置处于这个金字塔的运作机制的顶端。虽然欧盟在《阿姆斯特丹条约》中为共同外交和安全政策设立了由理事会主席、高级代表和委员会组成的"三驾马车"式的对外代表机制，但理事会居于核心位置，理事会中的各国政府是事实上的马车驾驭者。超国家性质的欧盟委员会与欧洲议会在这一领域的权力非常有限。不少西方学者把共同外交和安全政策看做一种多边主义机制。所谓多边主义是指在由三个或多个国家组成的集团通过特定安排或机制协调国家政策的做法。按照这一理论，共同外交和安全政策可被理解为欧盟成员国在欧盟框架内通过谈判来协调其外交、安全与防务政策的一种机制，具有多边主义的性质和明显的政府间性质。因此，在超国家性制度建构没有取得突破性进展的情况下，共同外交与安全政策的进一步发展，在很大程度上受制于各成员国的政治合作意愿。这就带来了欧盟共同外交和安全政策决策机制不尽合理及效率低下的问题。虽然近年来欧盟扩大了多数表决制的范围，但欧盟决策机制的主体依然是政府间合作性质的理事会，在关键问题上仍然实行全体一致通过制。成员国可以本国利益为由反对采取特定多数表决或者通过所谓的建设性弃权而不受决议的约束。这导致共同外交与安全政策在决策时议而不决、效率低下，在采取联合行动时迟缓或滞后，从而使"能力与期望差距"成为共同外交与安全政策不可避免的问题。此外，共同外交和安全政策的运作机制几乎囊括了所有的欧盟机构，由机构之间进行分工与协作。共同外交与安全政策作为第二支柱独立于共同体但同时又被置于欧盟大框架之下，各机构可能会因为权责不明而导致行动无法协调和效率低下。

二是经费问题。欧盟已经发展成为世界强大的经济体之一，但可用于安全与防务的经费却十分有限。以 2005 年为例，对共同外交和安全政策的总预算是 6260 万欧元，只占了欧盟用于对外关系总预算的 1%。共同外交与安全政策存在 6 个方面的赤字，其中之一便是财政支持不足。欧盟已经承担了 55% 的国际发展援助、66% 的国际人道主义援助和 40% 的联合国维和行动费用，巨大的经济负担使共同体的基金接近枯竭。而欧盟军事行动的预算仍然由成员国紧紧控制。但欧盟各成员国大多实行高福利政策，在近年来普遍面临经济困难、高财政赤字的情况下，大幅增加防务开支难以获得国内民众的支持和议会的批准。经费的紧张极大地制约着欧盟的共同防务建设，进而制约着共同外交和安全政策的发展。

在实践中，欧洲大陆发生波斯尼亚战争与科索沃战争，当时正值共同外交与安全政策初试啼声与功能检验之际，但欧盟成员国所展现出的军事与民事集体力量却相当薄弱，决策过程亦是拖泥带水，也充分暴露了上述问题。[①] 在行动上，成员国"既无意愿，又无能力"；在制度上，《尼斯条约》并未赋予共同外交与安全政策自主预算，使成员国的参与意愿低落；而且共同外交与安全政策的决策仍然采用一致表决制，使成员国利益深深影响欧洲外交政策的执行。总之，从1991年《马斯特里赫特条约》的签署到2001年的《尼斯条约》，欧盟共同外交与安全政策法律机制的发展呈现如下特点：

（1）欧盟自身经历了从松散的成员国间的合作到一个具有默示主体资格的国际组织的转变。这一过程中，国际法尤其国际条约法是主要法律基础。

（2）虽然欧盟的共同体支柱具有超国家性，但由于在共同外交与安全政策领域中欧洲议会和欧盟法院的作用极小，欧盟在共同外交与安全政策领域也没有取得财政上的独立，从这个意义上说，共同外交与安全政策仍是国际条约法指导下的具有"政府间主义"性质的国家合意（consensus）。

（3）共同外交与安全政策的目标过于宽泛，又缺乏可操作性。

（4）上述条约没有对欧盟在共同外交与安全政策领域的权能做出明确界定，这与欧共体所具有的排他性权能、分享权能和隐含权能形成鲜明对比。

（5）欧盟自身在这一领域没有立法权，欧盟法院对共同外交与安全政策的管辖权十分有限，欧盟的强制力从本质上说仍是国际法层面的强制力。

---

① 参见张福昌：《欧洲政治一体化的发展与前瞻》，载《欧洲研究》2012年第3期。

　　但是，由于欧盟不是一个国家，没有一个国家正常发展长期外交政策所必需的必要条件，欧盟没有固定的领土，没有一个长期且稳定的政治、经济、社会和文化利益需要维护。欧盟的成员国，特别是一些历史悠久、领土面积较大、在国际舞台上曾经发挥过重要作用的成员国，往往不愿意失去其国家主权、国家特性和在国际舞台上的独立影响力。因此，与这些国家有关的政策，各成员国都不愿放弃。一些成员国在历史上，与世界其他国家有特殊关系并希望继续维持；一些成员国在意识形态上也存在差异等，基于上述种种原因，欧盟外交与安全政策的发展存在诸多阻力和障碍。随着欧盟的改革和发展不断深入，欧盟共同外交与安全政策成为各国关注和辩论的焦点。其原因可以归结于欧盟成员国之间长期的政治合作的传统，归结于欧盟在世界舞台上经济作用的增强和国际社会对多极国际秩序的呼声的增强。

第三节　《里斯本条约》中的共同外交与安全政策

　　《里斯本条约》从法律属性上明确赋予了欧盟以独立的国际法人格；从体系上废除了原有条约三大支柱的分类，统一规定欧盟对外政策的宗旨和目标；从机构设置上增设了欧洲理事会主席、欧盟外交与安全政策高级代表和欧盟对外行动署。这些举措对于增强欧盟对外政策的一致性和强化欧盟对外行动能力，完善和发展欧盟共同外交与安全政策法律机制都产生了重要影响。

一、宗旨和目标

　　《里斯本条约》先后在不同条款中规定了欧盟一般宗旨、欧盟对外政策的目标。首先，条约第 3 条是关于欧盟一般宗旨的总体概述。欧盟的宗旨在于促进和平、欧盟的价值和人民的福祉。和平与安全是共同外交与安全政策不断发展的动因和动力。欧盟的价值是指欧盟及各成员国应以尊重人的尊严、自由、民主、平等、法治和人权，包括少数民族的权利和男女平等为价值追求。促进人民的福祉是欧盟各成员国长期以来的追求，也是欧盟作为国际组织的最终宗旨。《里斯本条约》框架下的人民福祉更加全面，包括和平、安全、自由、正义、民主、人权，等等。人民的范围也不断扩大，不仅包括欧盟成员国内的公民，还包括难民和外国人。

《欧洲联盟运行条约》(Lisbon)第3条第5款规定欧盟对外关系的特殊宗旨。欧盟与外部世界的关系即"欧盟在执行对外政策时，应维护和促进联盟的价值和利益，并有益于保护联盟内公民"。这说明欧盟在处理对外关系时，将欧盟自身价值作为对外目标的组成部分，欧盟不仅要在欧盟范围内保障和促进其价值，而且在对外关系中贯彻、推广、宣扬和维护其价值。在与第三国的关系中，欧盟应基于条约规定，在有关人权问题、可持续发展和和平问题上郑重承诺并遵守其价值，从而为第三国所信赖并接受欧盟的价值。欧盟在基本条约中专门将"遵守和发展国际法"作为其对外宗旨，反映了欧盟高度重视国际法在实现对外目标中的重要地位和作用，体现了欧盟对法治这一基本宗旨的追求。

除上述总则中的规定外，《欧洲联盟运行条约》第21条也专门规定了欧盟对外政策的目标。但与《尼斯条约》不同，《里斯本条约》将欧盟共同外交与安全政策的目标融入其他对外政策之中，用列举的方式规定欧盟对外经济关系、贸易关系、发展政策和人道主义援助以及欧盟共同外交与安全政策的目标。概括说来，欧盟对外政策的宗旨主要包括保卫共同价值、基本利益和联盟独立、统一和安全；发展和巩固民主、法治，尊重人权和国际法基本原则；按照《联合国宪章》、《赫尔辛基最后文件》和《巴黎宪章》的原则，维护和平，加强国际安全；促进发展中国家的经济、社会和环境的可持续发展，消除贫穷；鼓励世界各国的经济一体化，逐步消除世界贸易中的限制；确保可持续发展政策，帮助发展、维护和改善环境和世界自然资源管理的国际性措施；协助各国和各地区抵抗自然或社会灾害；促进多边国际合作和全球治理。其中前三个目标是欧盟共同外交与安全政策领域所追求的特殊目标。

二、欧盟权能

虽然《里斯本条约》赋予欧盟以国际主体资格，但在共同外交

与安全政策领域，欧盟能力仍受到诸多限制。《欧洲联盟条约》
(Lisbon)第24条规定欧盟能力涵盖所有对外政策领域和有关欧盟
安全的所有问题，包括逐步发展一个共同防务政策以实现共同防
务。① 成员国应秉着忠诚和共同稳固的原则主动并毫不保留地支持
欧盟共同外交与安全政策。但同时又指出，共同外交与安全政策实
行特殊的规则和程序，由欧洲理事会和欧盟理事会以全体一致方式
做出决策，欧盟在这一领域无立法权。欧盟共同外交与安全政策高
级代表和成员国依照条约规定共同执行共同外交与安全政策。欧洲
议会和欧盟委员会的职能由条约界定，欧盟法院在该领域原则上无
管辖权。此外，与欧盟的对外经济政策不同，《里斯本条约》对欧
盟在共同外交与安全政策领域的权能并没有做出明确的界定，它既
不属于欧盟的排他性权能(例如欧盟在共同商业政策领域所拥有的
权能)，也不属于分享性权能(例如欧盟在发展合作和人道主义援
助领域拥有的权能)。这也从另一个侧面表明，虽然《里斯本条约》
废除了原有条约体系三大支柱的划分，但共同外交与安全政策事实
上的"政府间"性质依然没有改变，成员国在这一领域仍采取保守
态度，不愿让渡更多国家主权。

三、法律机制

《欧洲联盟运行条约》第25条将《马斯特里赫特条约》所确立的
"共同立场"和"联合行动"以及《阿姆斯特丹条约》所确立的"共同
策略"统一起来，由欧洲理事会和欧盟理事会统一以"指导方针"和
"决议"的方式做出。其理由在于联合行动、共同立场和共同策略
从理论和实践中很难确定，不具备可操作性。《里斯本条约》规定
使用"指导方针"和"决议"的方式，有利于简化对外行动机制。②
此外，该条赋予欧盟界定共同外交与安全政策的指导方针和强化成
员国在该领域的系统合作的权利，但是欧盟在该领域仍没有立
法权。

---

① Article 24, Treaty on European Union(Lisbon).
② See Article 12, Treaty on European Union(Nice).

四、决策与执行机制

（一）决策机制

《里斯本条约》仍以全体一致同意为共同外交与安全政策领域的主要表决方式。欧洲理事会是最高决策机构，以全体一致方式界定欧盟共同外交与安全政策的一般原则和策略。此外，《里斯本条约》还规定了多数表决机制和建设性弃权作为全体一致表决机制的例外。① 成员国应以书面方式弃权，欧盟决议对该成员国没有拘束力，但是该成员国必须接受欧盟决议对欧盟的效力。基于共同稳定，成员国不得违背该决议，其他成员国也应该尊重该成员国的立场。如果弃权的成员国达到成员国总数的三分之一或者达到欧盟总人口的三分之一，这项决议将不得通过。下列决策的采取适用多数表决机制：基于欧盟理事会的决议而界定欧盟的行动或立场；执行欧盟就一项行动或立场而采取的决议；依条约第 33 条委派特殊代表的决议；高级代表主动或以欧洲理事会的提议而提出的界定欧盟一项行动或立场的决议。②

（二）执行机制

欧盟理事会负责发展和贯彻共同外交与安全政策有关措施。欧盟理事会和欧盟外交与安全政策高级代表应确保欧盟在该领域行动的一致性、统一性和有效性。欧盟外交与安全政策高级代表与成员国在集合欧盟和成员国国内资源基础上共同执行欧盟共同外交与安全政策。

为确保欧盟外交政策具有更大的协调一致性，《里斯本条约》新设对外行动署和欧盟外交与安全政策高级代表以取代共同外交及安全政策高级代表及对外关系和欧洲邻国政策欧盟委员会专员职位。欧盟外交与安全政策高级代表兼任欧盟委员会副主席及欧洲防务机构管理人③，高级代表有权处理欧盟对外经济关系，有

---

① Article 31, Treaty on European Union(Lisbon).

② Article 31, Treaty on European Union(Lisbon).

③ See Article 18, Treaty on European Union(Lisbon).

权主导国防和安全任务，处理有关共同外交与安全政策的对外关系，确保共同外交与安全政策的贯彻执行，在国际舞台上与第三国或国际组织代表欧盟展开政治对话，在国际组织中代表欧盟，身兼三职的高级代表集欧盟所有"超国家"和"政府间"因素于一身，大大增强了欧盟对外政策的横向一致性。依据《里斯本条约》第18条的规定，高级代表兼欧盟委员会副主席应确保欧盟对外行动一致性，同时应协调成员国的国内立场使之与欧盟对外政策相统一以促进欧盟对外行动的纵向一致性。《里斯本条约》设立欧盟对外行动署，对外行动署由欧洲理事会秘书处、欧盟委员会和成员国外交部委派的官员组成，目的在于促进欧盟对外行动一致性和强化欧盟国际主体资格。欧盟对外行动署协助高级代表工作，以更好地发挥条约赋予的职能。①

《里斯本条约》在机构上的另外一个重要突破体现在将欧洲理事会正式引入欧盟机构体系中，并设立欧洲理事会主席一职。② 在《里斯本条约》之前，虽然欧洲理事会事实上在欧盟和欧共体机构以及成员国国内对外政策的制定和执行中发挥着重要作用，大大促进了欧盟对外政策的一致性，但是欧洲理事会从未取得欧盟官方机构的地位。欧洲理事会主席由欧洲理事会通过多数表决方式选出，任期两年半，可以连任一届，与以往半年的任期相比，有利于欧盟对外政策的连贯性。

然而，《里斯本条约》对高级代表、欧洲理事会主席以及欧盟委员会主席的职能划分并不清楚，也没有明确界定对外代表欧盟的是高级代表还是欧洲理事会主席。为促进欧盟对外政策一致性而设立的新职位之间本身存在权限不清、职能不明的问题，他们彼此之间是否能协调工作取决于欧盟内部各机构之间的商议和配合，这也为欧盟对外政策的不一致埋下了巨大隐患。③

---

① See Article 27, Treaty on European Union(Lisbon).

② Article 13, Treaty on European Union(Lisbon).

③ See Kateryna Koehler, *European Foreign Policy after Lisbon: Strengthening the EU as an International Actor*, *Caucasian Review of International Affairs*, Vol. 4, 2010, p. 69.

五、欧盟法院管辖权

《里斯本条约》仍原则上排除欧盟法院在共同外交与安全政策领域的司法管辖权。仅规定在下述情况下例外：审查对自然人或法人的制裁的合法性；审查共同外交与安全政策的执行是否违背《欧洲联盟条约》(Lisbon)第40条的规定或是否侵犯欧盟机构权力；就欧盟签署的国际协定是否违背欧盟基本条约提出法律意见。①

六、财政预算与开支

《里斯本条约》对财政预算与开支没有做出较大改动。共同外交与安全政策行政上的支出由欧盟承担；政策执行上的支出除有关军事和防务领域由成员国承担外，其余开支由欧盟承担。此外，《里斯本条约》引入了确保紧急行动时的两项快速财政措施：在紧急行动时，对属于欧盟负担的开支，从欧盟理事会组建的快速财政程序中支出；对于属于成员国负担的财政开支，从成员国分摊的启动基金中支出。②

七、灵活性条款

基于共同外交与安全政策的政府间性质，为了增强灵活性，促进欧盟对外政策的统一，《里斯本条约》还规定了很多灵活性条款，允许成员国在欧盟机制外进行合作：首先，允许成员国在各个领域"强化合作"(enhanced cooperation)，包括共同外交与安全政策和共同安全与防务政策领域。③ 此外，在共同防卫领域通过多数表决机制而允许成员国采取"长期结构性合作"④、在表决程序上允许成

---

① Article 218, 275, Treaty on the Functioning of the European Union and Article 40, Treaty on European Union(Lisbon).

② Article 41, Treaty on European Union(Lisbon).

③ See Article 20, Treaty on European Union (Lisbon) and Article 392, Treaty on the Functioning of the European Union.

④ Article 42, Treaty on European Union(Lisbon).

员国书面"建设性弃权"①、针对有能力和意愿完成某一特殊任务的部分成员国实行"任务信任机制"②、允许成员国在防卫领域合作的"互相协助条款"③、针对对成员国的恐怖袭击或成员国内的自然或人为灾害而允许成员国合作的"共同稳定条款"④等机制，都在不同程度上促进了成员国之间的密切合作，形成共同意志，最终有利于欧盟对外政策的一致性。回顾欧洲一体化发展的历史，成员国条约机制外的合作很多。《申根协定》原本只有 5 个成员国，现在已经发展到 20 多个成员国。欧元区最早也只有几个成员国，现在加入欧元区的成员国不断增加。这些都依赖于成员国在条约机制外的合作。《里斯本条约》的灵活性条款会促进成员国在条约机制外的合作，也必然加速欧盟政治一体化质的转变。

八、评价

《里斯本条约》为欧盟共同外交与安全政策法律机制和权限划分确立了法律基础。在欧盟机构的权限划分上，《里斯本条约》以"欧洲联盟"取代"欧共体"，并正式赋予欧盟法律人格，允许欧盟在其权限内缔结国际条约，从而使欧盟"三个支柱"的划分不复存在。《欧洲联盟运行条约》第 2 条第 4 款规定了共同外交与安全政策的权限划分，奠定了其特殊地位，而欧盟其他对外政策领域则仍属于欧盟专属权能(关税联盟、共同商业政策以及签署一些国际协定的权能)或与欧盟共享权能领域(发展合作和人道主义援助)。《欧洲联盟条约》(Lisbon)第 24 条第 1 款明确规定共同外交与安全政策有特殊规则和程序。在欧盟机构与成员国的权限划分中，成员国的安全仍归属成员国自身管辖。此外，《里斯本条约》赋予欧盟国际法律人格，统一罗列欧盟对外政策的目标，大大促进了欧盟对外政策的连贯性和有效性。在表决程序上，《里斯本条约》还增加

---

①　Article 31, Treaty on European Union(Lisbon).

②　Article 44, Treaty on European Union(Lisbon).

③　Article 42, Treaty on European Union(Lisbon).

④　Article 222, Treaty on the Functioning of the European Union.

了多数表决机制在共同外交与安全政策领域的适用范围，允许成员国在条约体系外进行合作，这些灵活性条款势必促进成员国在条约机制外的合作，也必然加速欧盟政治一体化的推进。在组织结构上，《里斯本条约》简化了欧盟的组织结构，设立欧盟外交与安全政策高级代表，兼任欧盟委员会副主席，并设立欧盟对外行动署协助高级代表工作，这些新举措对于增强欧盟对外行动的一致性、有效性和效率，协调欧盟成员国利益，增强欧盟对外行动能力和欧盟国际行为能力的建设具有重要作用，有助于采取更加协调一致、更加有效的国际行动，有助于动用欧盟所有的手段与资源，增加欧盟在国际舞台上的分量。

回顾欧盟共同外交与安全政策的发展历程，下表将《里斯本条约》前后欧盟共同外交与安全政策的规定做了比较，体现了《里斯本条约》对欧盟共同外交与安全政策的发展。

内容	《里斯本条约》前	《里斯本条约》的规定
法律地位	条约明确规定欧共体是独立的国际法主体，具有对外代表权，可以参与国际组织、可以与第三国发展对外关系、可以与第三国或国际组织缔结国际条约；欧盟不具备明示的法律主体资格	《欧洲联盟条约》(Lisbon)第47条明确赋予欧盟具有法律主体资格，欧共体的法律资格将被欧盟取代。在共同外交与安全政策领域，欧盟有权与第三国或国际组织缔结国际条约、在国际组织中对外代表欧盟、向第三国派出外交使团
结构、原则与目标	《马斯特里赫特条约》成立欧盟并创立三大支柱，欧盟共同外交与安全政策得以诞生。该条约第2条规定了欧盟的目的之一在于通过执行共同外交与安全政策特别是逐步形成一个共同防务政策来确保欧盟在世界舞台上的地位。第11条规定欧盟共同外交与	取消三大支柱的划分，但共同外交与安全政策仍在《欧洲联盟条约》(Lisbon)中具有不同的规范与程序；第21条规定了欧盟对外政策的总体目标，其中包括共同外交与安全政策领域的目标，而且第39条强调成员国在执行共同外交与安全政

内容	《里斯本条约》前	《里斯本条约》的规定
	安全政策的特殊目的	策时应保护个人数据的处理和流动；第24条强调了欧洲理事会、欧盟理事会、欧洲议会、欧盟法院、高级代表等在共同外交与安全政策中的地位；《欧洲联盟条约》(Lisbon)第32条和《欧洲联盟运行条约》第34条强调成员国的义务
法律机制	第14、15条规定的共同外交与安全政策的法律机制包括：原则和一般指导方针、共同策略、联合行动、共同立场以及第24条规定的为了实现共同外交与安全政策的目的而进行的通知、咨询和签订国际协定	《欧洲联盟条约》(Lisbon)第25条规定，共同外交与安全政策的执行机制主要有界定一般指导方针；采取决定(界定欧盟的行动、欧盟采取的立场和为执行上述行动和立场的有关决定而做的安排)；在执行政策时在成员国之间加强系统性合作
与欧盟有关机构的关系	1. 欧洲理事会 　　依第13条的规定，欧洲理事会和欧盟理事会主导欧盟共同外交与安全政策的决策：欧洲理事会界定基本原则和一般指导方针，共同策略欧盟理事会负责确保欧盟对外行动整体上的统一、一致和有效 2. 欧盟理事会 　　负责执行欧洲理事会确立的基本原则和指导方针，向欧洲理事会提出有关共同策略的建议并通过联合行动和共同立场等方式	1. 欧洲理事会 　　依第22条的规定，欧洲理事会界定欧盟共同外交与安全政策以及其他对外行动中的策略利益和目标；依第26条的规定，欧洲理事会界定共同外交与安全政策中的一般指导方针。 2. 欧盟理事会 　　依第26条的规定，欧盟理事会负责解释和执行欧洲理事会界定的一般指导方针，并与高级代表共同确保欧盟对外行动的统一、一致和有效；依第

续表

内容	《里斯本条约》前	《里斯本条约》的规定
	执行共同策略；依第 18 条的规定，轮值主席国负责共同外交与安全政策领域决议的贯彻，在国际组织和国际会议中代表欧盟；依第 26 条的规定，轮值主席有权建议欧盟理事会在共同外交与安全政策领域订立有关的国际协定 3. 欧盟委员会 　　依第 24 条的规定，欧盟委员会有权在欧盟理事会的要求下提交有关联合行动执行的建议；依第 18 条的规定，欧盟委员会应该在国际组织中当轮值主席对外代表欧盟时给予全面的配合；依第 22 条的规定，欧盟委员会有权在共同外交与安全政策领域向欧盟理事会提交问题和提议；依第 27 条的规定，欧盟委员会应密切关注欧盟共同外交与安全政策的执行 4. 欧洲议会 　　依第 21 条的规定，轮值主席有义务就共同外交与安全政策的执行情况向欧洲议会汇报与咨询，欧洲议会有权就此问题向轮值主席提问或提建议，轮值主席应确保欧洲议会的观点得以考虑 5. 成员国 　　依第 11 条的规定，成员国应积极且毫无保留地本着忠诚和共同稳固原则支持共同外交与安全	28 条的规定，欧盟理事会就执行性行动采取决议，成员国应该遵守；依第 29 条的规定，欧盟理事会负责采取决议确立欧盟在区域性或实体性问题上的立场，成员国应该遵守；依第 38 条的规定，欧盟理事会由政治与安全委员会协助，该委员会负责政策的制定和危机管理机制 3. 欧盟外交与安全事务高级代表 　　《里斯本条约》沿用高级代表的称呼，该职位由欧洲理事会依据有多数原则，在征求欧盟委员会主席同意的情况下产生，负责处理欧盟对外关系并协调对外活动 4. 欧盟委员会 　　由于高级代表同时担任欧盟委员会副主席，因此，新条约取消了原条约中欧盟委员会的提议权以及全面配合欧盟共同外交与安全政策的义务。但是欧盟委员会没有提议权，只能通过高级代表行使 5. 欧洲议会 　　欧洲议会的权力基本相同，只不过原来由轮值主席承担的对欧盟议会的报告与咨询义务改由高级代表承担

续表

内容	《里斯本条约》前	《里斯本条约》的规定
	政策，有义务共同努力加强和发展彼此的政治稳固，抵制违背欧盟利益或影响欧盟在国际关系中有效与协调行动的行为；依第14、15、19条的规定，成员国应该履行其在联合行动中采取的立场，确保其国内政策符合共同立场并在国际组织中坚持欧盟的共同立场	6. 成员国 　　与原条约基本相同
决策机制	依第23条的规定，全体一致同意是基本的决策机制，成员国的弃权并不能阻止决策的采纳；但成员国也可以在一定情况下采用有效多数表决程序。第27条规定了成员国的强化合作程序	第31条规定了共同外交与安全政策的决策机制：全体一致同意是原则；成员国有权弃权，弃权的成员国可以不执行但是必须承认政策对欧盟的效力，如果弃权票数达到有效票数的三分之一或代表欧盟人口的三分之一时，有关决议将不予采纳。第31(2)条列举有效多数表决适用的情况，第31(3)条规定了有效多数表决的附加适用，第31(4)条强调有效多数表决不适用于在军事和防卫领域的行动中
与欧盟法院的关系	欧盟法院对共同外交与安全政策没有司法监督权。依第47条的规定，共同外交与安全政策的执行不能违背欧共体法。考察"内容与目的"，在一个措施有双重目的，两个目的彼此不附属，则用第47条排除共同外交与安全政策的适用	第24条的规定表明原则上排除欧盟法院在共同外交与安全政策领域的司法监督权，但是《欧洲联盟运行条约》第275条、第218条和《欧洲联盟条约》(Lisbon)第40条规定的情况例外。若有双重目的，彼此不附属，需要依赖共同外交与安全政策的法律基础和欧盟法

续表

内容	《里斯本条约》前	《里斯本条约》的规定
国际条约	依第 24 条规定，对于欧盟是否在共同外交与安全政策领域有缔约权，没有明确规定	《欧洲联盟条约》（Lisbon）第 37 条、《欧洲联盟运行条约》第 218 条和第 3（2）条对此做出详细规定
共同安全与防卫政策	名称为 European Security and Defense Policy（ESDP），即欧洲安全与防卫政策	将 ESDP 更名为 Common Security and Defense Policy（CSDP），即欧盟安全与防卫政策；将灵活性机制引入欧盟安全与防卫政策中
经费预算	欧盟共同外交与安全政策财政和行动上的支出主要依赖欧共体的预算，欧盟在该领域没有独立的预算	《欧洲联盟条约》（Lisbon）第 41 条是关于欧盟共同外交与安全政策开支的具体规定：有关共同外交与安全政策行政上的开支由欧盟预算中支出；有关行动上的开支由欧盟财政支出，如果行动具有军事和防卫意义的除外，以及欧盟理事会以全体一致同意方式决定不由欧盟预算支出的除外。设立了共同外交与安全政策行动的"绿色通道"和"紧急启动基金"
附加声明		13 号声明中的第 25、28、29、31 条规定共同外交与安全政策的条款，高级代表以及对外行动署不能违反成员国已有的对外政策或《联合国宪章》或安理会为成员国所设定的义务；14 号声明规定共同外交与安全政策条款不得影响成员国外交政策的订立和执行

上面的表格勾勒了《里斯本条约》下欧盟共同外交与安全政策

法律体系的整体框架，这个框架表明欧盟共同外交与安全政策已不再仅仅是成员国之间的政治合作，它具有自己独立的法律体系和性质。欧盟共同外交与安全政策法律体系是成员国通过具有独立法律人格的主体——欧盟经合法的决策程序制定的一系列实体与程序规范的总和，包括共同外交与安全政策的宗旨和目标、法律机制、决策程序和机构、执行机制、司法监督等。从这个意义上说，单纯地说欧盟共同外交与安全政策具有"政府间性质"已经不再准确。欧盟共同外交与安全政策中的"共同"的含义不同于欧盟共同商业政策以及共同农业政策等经济政策中"共同"的含义。共同外交与安全政策中的"共同"表明成员国一致同意在特定时间、特定地点和特定条件下，赋予欧盟依照一定的决策程序就某一特定事件采取某个"共同"的政策。这个共同政策虽然不能超越或取代成员国的国内政策，但一旦做出某个共同政策，对内，就对成员国有拘束力，成员国就有义务履行此政策；对外，就对第三国或国际组织产生一定的影响，欧盟有义务承担相应的法律责任。

第二章 共同外交与安全政策的法理基础

第一节 欧洲联盟的法律人格

一、国际组织法律人格概述

所谓法律人格是指自然人或实体确立、变更和终止法律关系，并因此而享有法律权利和承担相应的法律义务的能力。一个自然人或实体是否具备法律人格是由有关国家的国内法或国际法所规定的，其具体的法律渊源是国际条约和判例法。国际法律人格的内容主要包括：条约的制定权、在国际组织中的成员资格、派遣使节的权利，以及在国际法院中享有权利和承担义务。依据《蒙得维的亚国家权利与义务公约》，国家需要同时满足如下条件才能在国际事务中具备法律人格：具备常住的人口、固定的领土、政府和发展对外关系并为别国所承认。

而国际组织若需在国际事务中具备法律人格，需要满足如下条件：(1)该组织必须是依据国际法所建立的(两个或两个以上国家所签订的国际条约或协议)；(2)该组织需要有自己的组织机构，至少有一个永久性的机构，该机构的目标是由创建该国际组织的国际条约所规定的；(3)该组织需独立于其成员国，拥有独立的法律思维；(4)在必要时，可以超越创立组织条约的规定行使实现组织的功能的权利(包括条约的制定权)。

国际组织的法律主体资格问题是随着国际组织的产生和发展而提出来的。第二次世界大战以后，联合国的诞生促进了政府间国际组织的设立，各种国际组织在与其他国际法主体交往的过程中，通过建立正式关系、缔结条约、解决国际争端而在国际社会中发挥的作用越来越重要，于是国际组织的法律主体资格和地位问题就被提出来，成为国际法学界普遍关注的一个问题。国际组织在一定范围内有独立参与国际法律关系的能力，在其职权范围内具有国际上的权利能力和行为能力。"一定范围内"是指在其组织约章规定的范围之内。在此范围内，有权参加国际法律关系。由于国际组织是一种国际合作的法律形式，因此，国际组织与其成员国的法律人格相区别，是一种自成一类的国际法主体；国际组织是独立的国际法实体，依法独立参加国际法律关系。

当然，国际组织虽然是国际法主体，但是又不同于作为国际法基本主体的国家。国家具有主权，因而具有完全的权利能力和行为能力；国际组织不是国家，而是特定国家之间为了达到某种目的，共同让渡一部分国家主权交给一个统一的机构，并约定机构的章程，要求该机构严格依照章程参与国际关系，享受国际法上的权利和义务。而且，国际组织的权利不像国家权力那样当然具有，而是各成员国通过协议赋予的，具有派生性。从这个意义上说，国际组织的主体资格是派生的、有限的，是一种不同于国家的特殊的国际法主体。

国际组织的法律人格，是指能独立参与国际法律关系并直接承受国际法上权利与义务的能力和资格。① 只有具备国际法律人格的实体才能成为国际法主体，享有国际法上的权利和义务。传统国际法认为，主权国家是唯一的国际法人格者，也是唯一的国际法主

---

① 严格来说，国际组织的法律人格主要包括国际组织的国内法律人格和国际法律人格两个方面。国际组织的国内法律人格是指国际组织在国内法律秩序中，拥有不同于成员国的自主的法律人格，以便能独立行使其各项职能，国际组织的国内法律人格是由一国的国内法决定的。国际组织的国际法律人格是国际组织在国际社会中，与其他国际法主体在发生对外关系时所享有的权利和义务，属于国际法调整的范围。本书主要论述国际组织的国际法律人格。下文如没有特别说明，谈到的"国际组织（或欧盟）的法律人格"时即专指国际组织（欧盟）的国际法律人格。

体。国际组织的法律人格问题是随着国际组织的产生和发展而提出来的。

关于这一问题，国际法学者有三种不同的观点。第一种观点认为国际组织只有在组织约章明确赋予其法律人格时才存在，即"约章授权论"(the will approach)。第二种观点认为国际组织具有客观国际人格，其基础不在于基本文件的规定或其创立者的意图，而在于国际组织存在这一客观事实，国际组织从根本上说是国际法的一般主体，拥有固有的能力，其国际人格是国际法所赋予的，即"客观人格说"或"固有人格说"(the objective/ material approach)。① 第三种观点是上述两种观点的结合，它不否认国际组织的法律人格可以经由组织约章明确授予，但更强调在没有约章规定的情况下，可以通过"暗含权力理论"推论出国际组织的国际人格。国际法院在1949 年"赔偿案"咨询意见采用了这种观点。国际法院明确否定了只有国家才是国际法主体的观点，指出各国集体活动的逐渐增加已经产生非国家团体在国际舞台上活动的现象，这种新的国际法主体不一定是国家或具有国家的权利和义务，因为"在任何法律体系中，各法律主体在其性质或权利范围上不一定相同，它们的性质取决于社会需要"。国际法院不但在该咨询意见中，根据暗含权力理论推论出联合国具有国际人格，而且在 1980 年解释世界卫生组织与埃及 1951 年协定的"咨询意见"中，明确断言"国际组织是国际法的主体，受国际法一般规则、这些组织的组织法或它们作为缔约方的国际协定的约束"。② 因此，一个国际组织的法律人格(personality/capacity)，是一个非有即无的概念，我们只能说一个国际组织"有"或"无"法律人格，不能说一个国际组织有"多"或"少"的法律人格，而只能说一个国际组织的法律权能"多"或"少"。与国际组织法律人格有关的另外一个概念是国际组织的权能(competence)，一个具备法律人格的国际组织，根据其成员国的

---

① See Ramses A. Wessel, *The European Union's Foreign and Security Policy —— A Legal Institutional Perspective*, The Hague: Kluwer Law International, 1999, p. 244.

② Advisory Opinions, ICJ Reports, 1949, p. 174.

授权范围不同，具有不同程度的权能。① 一般来说，作为国际法律关系的独立行为体，国际组织可以同成员国、非成员国、其他国际组织开展对外交往。其国际法层面的权能通常包括：缔结条约、接受和派遣外交使节、承认其他国际法主体、提出或接受国际求偿、就国际求偿诉诸法院、召开国际会议、保存和登记条约、颁发护照和国际旅行证件、承担船舶与航空器的注册，以及使用组织的旗帜、信章和徽识等。

　　根据上述理论，就欧盟而言，欧盟是否具备法律人格以及法律权能的范围有多大，可以从欧盟成员国是否明示或默示赋予欧盟以法律人格、欧盟是否独立于其成员国而与第三国发生法律关系，以及国际社会即第三国或国际组织是否承认欧盟的独立主体地位三个方面来考察。② 下文着重从成员国态度、欧盟对外实践和国际社会的认可程度三个方面回顾从《马斯特里赫特条约》到《里斯本条约》近 20 年来欧盟法律人格的发展历程，并分析《里斯本条约》对欧盟法律人格的新发展和问题所在。

二、欧盟法律人格的发展历程

（一）《马斯特里赫特条约》下的欧盟法律人格

欧洲联盟是依照 1991 年的《马斯特里赫特条约》成立的。从条约的约文看，《马斯特里赫特条约》没有任何一条明确规定欧盟具有法律人格。而且，《马斯特里赫特条约》将共同外交与安全政策的实现归结于欧盟与成员国的政府间合作，欧盟理事会仅仅在这种政府间合作中发挥程序性和辅助性作用。③ 由于共同外交与安全政

---

① See Ramses A. Wessel, *The European Union's Foreign and Security Policy — A Legal Institutional Perspective*, The Hague：Kluwer Law International, 1999, p. 248.

② Ioannis Papathanasiou, *The European Union's Identity as a Subject of the International Legal Order Evolutions under the Treaty of Lisbon*, *Cambridge Student Law Review*, Vol. 22, Issue 5, 2009.

③ See Art J（1）, Maastricht Treaty. Aurel Sari, *The Conclusion of International Agreements by the European Union in the Context of the ESDP*, *International and Comparative Law Quarterly*, Vol. 57, Issue 1, 2008, p. 71.

策领域的政府间性质,《马斯特里赫特条约》下的欧盟仅仅是服务于成员国共同利益的"议事机构",并不具有独立的法律人格。

在实践中,欧盟成员国对于欧盟是否具有法律人格持否定态度,也不承认欧盟存在默示或隐含的人格。德国宪法法院在判决中指出欧盟仅仅是成员国共同行动时的一种称呼,欧盟并不具有不同于欧共体和成员国的独立的法律人格。① 英国和荷兰也采取类似的观点。② 当然,各成员国否定欧盟法律人格的立场略有不同,有的国家如比利时、荷兰、卢森堡和意大利,主要是担心赋予欧盟法律人格会弱化欧共体对外能力的"超国家性";而有的国家如英国认为赋予欧盟法律人格会扩大欧盟的权能而危及国家主权。③

在理论界,学者们对欧盟是否具有法律人格持不同观点。主张欧盟不具有法律人格的学者认为,欧盟管辖范围内的共同外交与安全政策和司法与内务政策(Justice and Home Affairs)具有"政府间主义"性质,其执行主要依赖于成员国,欧盟理事会只发挥程序性作用,条约对于欧盟是否具有缔约权没有做出明确规定。因此,欧共体具有法律人格,欧盟不具有。④ 也有学者持反对意见,认为依联合国国际法庭的实践,即使国际组织在约章中没有明示其法律人格,只要各成员国默示或隐含地赋予其法律权能,并具功能性,则该组织应具备人格。欧盟一直在共同外交与安全政策和司法与内务政策领域签订国际条约,一旦欧盟的这一法律行为被其他国际法主体所认可,就应该认定欧盟具有法律人格。另外,欧盟公民的公民权虽在欧共体范围内享有,但它是欧盟法律体系的一部分,具有国际法上的意义。

---

① See 33 ILM 388, 1994(judgment of 12 October 1993).

② See *The Memorandum from the Foreign and Commonwealth Office in Europe Beyond Maastricht*, House of Commons, Foreign Affairs Committee, 1992.

③ See Ramses A. Wessel, *The European Union's Foreign and Security Policy—A Legal Institutional Perspective*, The Hague: Kluwer Law International, 1999, p. 258.

④ See MR Eaton, *Common Foreign and Security Policy*, in D. O'Keeffe and P. Twomey eds., *Legal Issues of the Maastricht Treaty*, 1994, p. 224.

从这个意义上说，《马斯特里赫特条约》下的欧盟不具有独立的法律人格，只能通过欧共体各机构发挥作用，欧盟本身没有独立的财政预算，开支主要依赖欧共体预算，欧盟在共同外交与安全政策领域的立场和行动也主要依赖于欧共体资金。

(二)《阿姆斯特丹条约》的规定

《马斯特里赫特条约》的重要贡献在于成立了欧盟，并把欧盟的体系划分为三大支柱，使欧盟的内部同一性(identity)更加明显。但条约只赋予欧共体以法律人格，对欧盟成员国的公民和外部世界而言困惑极大。针对这一问题，1996年召开的欧盟政府间会议上，欧洲议会提交了一份报告，旨在号召欧盟成员国赋予欧盟独立的法律人格。这份报告也从另一个侧面表明欧洲议会当时并不认为欧盟具有国际法律人格。① 欧盟委员会在报告中也接受并支持了欧洲议会的观点。② 会上，各成员国也普遍认为欧盟法律人格的缺失会对外部世界造成极大的困惑并减弱了欧盟对外职能的发挥，欧盟不仅应被赋予国际人格，并且该种人格应扩展到共同外交与安全政策和司法与内务政策领域。③

在这一背景下，1999年生效的《阿姆斯特丹条约》对欧盟的共同外交与安全政策做了较大修改，主要表现在条约要求成员国应积极且毫不保留地本着忠诚和共同稳固原则而支持欧盟的共同外交与安全政策，界定了联合行动和共同立场的地位，在一定条件下引入多数表决机制，并设立了共同外交与安全政策高级代表一职。④ 就国际条约的缔结而言，《阿姆斯特丹条约》第24条赋予欧盟理事会

---

① European Parliament's Report to the 1996 IGC, para：14(ⅱ).

② Commision's Report to the 1996 IGC, p. 64.

③ See Dominic Mcgoldrick, *The International Legal Personality of the European Community and the European Union*, in Michael Dougan and Samantha Currie eds., *Fifties Years of the European Treaties*, *Looking back and Thinking forward*, *Essays in European Law*, Oxford and Portland, Oregon：Hart Publishing, 2009, pp. 195-201.

④ Arts 11(2), 14, 15, 23, 26, Amsterdam Treaty on European Union (Consolidated)(1997)OJ C 340/145.

经全体一致表决后有权与其他国家或国际组织签订涉及共同外交与安全政策领域和司法与内务政策领域的国际协定的权利。但这种协定对需要经过本国宪法程序认可而生效的成员国不具有强制力。此外,《阿姆斯特丹条约》还确立了欧盟在共同外交与安全政策领域享有独立界定和执行共同外交与安全政策的权能,从而为欧盟区别于成员国而享有独立的国际人格迈出了重要一步。但是,依第24条的规定,欧盟理事会经全体表决一致而缔结条约,欧盟理事会是欧盟的一个职能机构还是各成员国合意缔结条约的程序性机构,其所缔结条约的一方是欧盟,还是欧盟机构或各成员国,抑或是两者的结合,《阿姆斯特丹条约》并没有做出澄清。

在实践中,成员国对条约是否赋予欧盟以法律人格也持不同观点。荷兰与爱尔兰在担任轮值主席国时提案赞成,而英国则反对。①

在理论界,学者们对欧盟是否具有隐含的法律人格持不同观点。有学者认为,从第24条"经全体一致缔结的条约对于需满足本国宪法条件才能生效"的规定可以看出,该条约事实上对成员国产生拘束力,而不对欧盟产生拘束力。《阿姆斯特丹条约》4号声明也强调:"该条约第24条规定并不能表明成员国将有关权利转移给欧盟。"②也有学者持反对意见,认为既然条约赋予欧盟界定共同外交与安全政策目标并贯彻执行的权利,且明确规定了欧盟的国际条约缔结权,就说明欧盟已具备区别于成员国的独立的法律地位。③

基于上述理论与实践,即使《阿姆斯特丹条约》在增强欧盟国际人格上取得了重要进步,但不论是条约约文本身,还是成员国的

---

① See Council Doc CONF2500/96.

② See Aurel Sari, *The Conclusion of International Agreements by the European Union in the Context of the ESDP*, International and Comparative Law Quarterly, Vol. 57, Issue 1, 2008, p. 71.

③ See Aurel Sari, *The Conclusion of International Agreements by the European Union in the Context of the ESDP*, International and Comparative Law Quarterly, Vol. 57, Issue 1, 2008, p. 77.

立场和学者的观点，都没有对欧盟是否具备国际法律人格达成共识。《阿姆斯特丹条约》本身的模糊性，恰恰体现了理论与实践中的分歧，这种分歧在《尼斯条约》中做出了澄清。

(三)《尼斯条约》的规定

2001 年签署的《尼斯条约》对《阿姆斯特丹条约》第 24 条作了两处修改，其一是欧盟在与第三国或国际组织订立的协定涉及共同立场或联合行动时，采用多数表决机制；其二是条约规定依照该条款订立的国际协定应对欧盟机构有拘束力。这一规定的初衷是好的，其目的在于增强欧盟对外政策的能力范围。但可以想象，一个在多数表决机制下投了反对票的成员国，很难最终缔结该条约。同样地，若条约对必须依照本国宪法程序才能通过的成员国不具有拘束力，又很难执行本条款的规定。并且该条增加条约对欧盟有关机构具有拘束力的规定，但事实上，对欧盟机构有拘束力并不等于对欧盟具有拘束力。《尼斯条约》虽从文字上做出较大改动，但并没有解决实际问题，反而在实践中造成了更大的迷惑性。

根据《维也纳条约法公约》，当国际条约的文本解释产生歧义时，应依与条约有关的国际实践进行解释。① 在实践中，在 20 世纪 90 年代，欧盟与第三方签订的国际条约主要表现为欧盟对前南斯拉夫的行动与管理有关的谅解备忘录。然而就欧盟一方而言，缔约当事方不是欧盟或欧盟机构，而是在欧盟体系内行动的成员国。从这个意义上说，欧盟仅仅是国际条约的组织者，而不是缔约方。2001 年 4 月，欧盟首次以自身名义依照《阿姆斯特丹条约》第 24 条与前南斯拉夫共和国签订有关军事行动地位的协定。自 2001 年起，欧盟在安全与防务政策框架内，依照第 24 条规定先后签订了 70 多个条约。这些条约主要涉及有关欧盟军队地位的协定、与第三国就欧盟安全与防务政策而派驻人员和物资的协定以及欧盟与第三国交换保密信息的协定。依第 24 条的规定，欧盟在司法与内务领域同样具有缔结条约的权利。但在这一领域，欧盟与第三方缔结的条约十分有限。2003 年，欧盟与美国签订了有关引渡与相互司法协助

---

① See Article 31(3)(b) Vienna Convention on the Law of Treaties, 1969.

的协定。① 然而，这个协定的签订历经波折，签订过程中美国一方坚持欧盟确保其成员国用书面形式与美国交换条约确认书。在欧盟内部，条约在成员国内的认可程序也足足花了3年时间。这一事例表明，美国对欧盟与成员国究竟何者为缔约方上态度含糊，或者说美国对欧盟是否具有国际人格态度含糊。类似的情况也发生在欧盟与美国在2007年签订的有关《乘客姓名记录处理与转移的协定》、欧盟与瑞士2004年签订的《申根协定》和欧盟与其他国际组织如北大西洋公约组织和国际刑事法庭签订的有关协定中。② 上述国际实践表明，不论是成员国，还是欧盟机构或欧盟自身，乃至国际社会对欧盟法律人格的认定仍比较含糊。很少有条约是脱离成员国而直接赋予欧盟权利与义务。大多数条约都力求避免直接与欧盟产生相应法律程序。即使就有关条约发生争执，缔约双方不是通过司法或仲裁程序而是通过外交程序予以解决。诉求都是直接针对欧盟成员国、欧盟机构或第三国，而非欧盟本身。但很多条约毕竟都以欧盟的名义签订，由欧盟轮值主席国代表欧盟参与条约的协商并任命条约的签署人，从《马斯特里赫特条约》到《尼斯条约》，国际实践和欧盟条约约文都表明欧盟的国际法律人格确实朝着逐步明确的方向发展，欧盟成员国也渐渐不再满足于欧盟仅具有功能上的人格，即使是对赋予欧盟法律人格态度最为强硬的英国，态度也逐渐缓和。③ 在这一趋势下，《里斯本条约》应运而生。

三、《里斯本条约》下的欧盟法律人格

（一）时代背景

2001年年底，欧盟布鲁塞尔峰会发表《莱肯宣言》。该宣言指

---

① See [2003] OJ L 181/27 (extradition) and [2003] OJ L 181/34 (MLA).

② See [2007] OJ L 204/18；[2003] OJ L 181/27 (extradition).

③ See Aurel Sari, *The Conclusion of International Agreement by the European Union in the Context of ESDP*, International and Comparative Law Quarterly, Vol. 57, 2008, pp. 57-75. 学者也开始对欧盟的国际法律人格越来越持肯定的态度。See Eeckhout, *Relations of the European Union*, Oxford University Press, 2004, p. 154；P. Koutrakos, *EU International Relations Law*, Oxford：Hart Publishing, 2006, p. 406.

出界定和实现欧盟在国际社会中的角色，即如何使欧盟在新的多极国际格局中发展成为一个稳定的国际行为体是欧盟未来发展的重要挑战之一。为应对这一挑战，欧盟的条约改革应实现如下三个目标：更好地界定和划分欧盟的权能、简化欧盟机构和促进欧盟及其机构运作的民主化、透明化和有效性。① 根据《莱肯宣言》的要求，欧盟各成员国在布鲁塞尔成立了"欧洲未来大会"，即通常所称的制宪委员会。② 其中一个重要议题就是成立工作组，界定欧盟法律人格。在 2002 年 10 月工作组提交的最后报告中，工作组详细分析了欧盟法律地位对欧盟成员国、欧盟公民、第三国造成混乱的各种情况，得出了应明确赋予欧盟法律人格的结论。成为国际法主体，欧盟就可以代表成员国签署国际条约，参与诉讼或加入国际组织。欧盟的法律人格，有利于增强欧盟对外行动的有效性、法律确定性、透明性和稳定性；有利于欧盟公民了解欧盟对外政策，从而使欧盟公民的基本权利得到有效的保证。工作组同时指出，欧盟被赋予独立法律人格的方式应该是取代现存的有关法律主体，这种做法并不会在欧盟内部损害成员国的国家主权，也不需要经过条约的修改；也不涉及欧盟机构的职能与程序的大修大改，当然欧盟取代并继承欧共体法律人格的必然后果是将《欧洲共同体条约》和《欧洲联盟条约》合并。③

　　欧盟的法律人格不仅取决于欧盟内部成员国对欧盟的明示或默

---

　　① Marise Cremona, *Defining Competence in EU External Relations*: *Lessons from the Treaty Reform Progress*, in Alan Dashwood and Marc Maresceau eds., *Law and Practice of EU External Relations Salient Features of a Changing Landscape*, London: Cambridge University Press, 2008, p. 41.

　　② 参见程卫东：《〈里斯本条约〉：欧盟改革与宪政化》，载《欧洲研究》，2010 年第 3 期。

　　③ See Final Report of Working Group Ⅲ on Legal Personality, the European Convention, Doc CONV 305/02, WGⅢ 16, Brussels, October 1, 2002. 工作组在该报告的注释中指出，其报告得到了欧洲议会、部长会议和欧盟委员会的法律协助。

示的赋权，也取决于国际社会对欧盟国际法律地位的认可。《里斯本条约》之前，欧盟的三大支柱分属于不同条约规范。《欧洲共同体》条约明确规定欧共体具有独立国际法律人格①，但是各版本的《欧洲联盟条约》对欧盟的法律人格始终没有明确规定，也没有明确区分欧盟与欧共体在对外关系中主体地位的区别。虽然《阿姆斯特丹条约》第 24 条明确规定了欧盟有缔结条约的权利，但是这种规定不足以解决实践中产生的诸多问题。在欧盟对外关系中，三大支柱分属于不同法律体系，但当一个国际条约涉及跨支柱内容时，欧盟和欧共体往往通过两个不同的决议来订立条约。这不仅在欧盟内部，也给第三国带来很大的困惑和不便。② 美国与欧共体签订的《乘客姓名记录处理与转移的协定》即因涉及跨支柱的内容而被欧盟法院裁决无效，美国要求重新启动条约谈判程序，将缔约方由欧共体改为欧盟。

《欧盟宪法条约》夭折后，欧洲理事会和欧盟成员国开始转变思路，转而采用政治敏感度较低的术语以求成员国的一致认可。在否定了"宪法"或"联盟"等措辞，并肯定国家主权首要性原则后，明确规定欧盟的国际法律人格对成员国而言已不是十分重要的问题。尤其是曾经对赋予欧盟法律人格强烈反对的英国，在这一时期也开始改变立场，转而肯定欧盟法律人格。英国政府就在《改革条约白皮书》中，指出欧盟在共同外交与安全政策和司法与内务领域有权缔结国际条约而已经具有了事实上的法律人格。③ 因此，赋予

---

① 《欧洲共同体条约》，Article 281. 这一规定是从欧盟法院的裁定中发展而来的。*Commission v. Council*(European Agreement on Road Transport)[1971] ECR 263，para. 14.

② 例如欧盟、欧共体和瑞士签订的《申根协定》，即是欧盟与欧共体通过两个不同的决定而分别签字订立的。EC Council Decision 2004/860/EC，OJ 2004 L 370/78，EU Council Decision 2004/849/EC[sic]，OJ 2004 L 368/26.

③ The Reform Treaty: the British Approach to the European Union Intergovernmental Conference (Cm 717, 2007). See also House of Commons, European Scrutiny Committee, European Union Intergovernmental Conference, Thirty-fifth Report of Session 2006-2007，HC 1014，2007.

欧盟独立法律人格有利于在欧盟范围内简化条约的谈判过程，并使欧盟的对外行动更具一致性。成员国只需要授权欧盟进行条约谈判，并就最后协定予以批准即可。而且，由于《里斯本条约》确保了共同外交与安全政策的"政府间"性质，赋予欧盟独立人格并不会损害成员国对外政策的独立性，没有赋予欧盟立法权或超越成员国的授权而行动的权利，也不会危及成员国在缔结国际条约、加入国际组织、参与国际诉讼中的既有权利和义务。此外，欧盟法院在共同外交与安全政策的领域基本上仍没有管辖权。① 依据《里斯本条约》的规定，欧盟在共同外交与安全政策中的所有领域，即外交政策、联盟安全与共同防卫领域拥有能力。共同外交与安全政策的执行不得影响公约为保障欧盟的能力所确立的各个机构的效力，反之亦然。共同外交与安全政策是介于欧盟与成员国共同拥有的能力和欧盟支持、协调或补充性能力之间的地位。因此，在这一领域，欧盟与成员国的能力是分享的、平行的，欧盟的能力不能超越成员国的国家主权，例如在人道主义援助、发展合作、支持、协调和补充性行动中，欧盟与成员国拥有平行的能力，而不能与成员国有法律拘束力的合法行为相冲突。

(二)《里斯本条约》下欧盟法律人格的具体内容

1. 总则性规定

《欧洲联盟运行条约》第 47 条是关于欧盟法律人格的一般规定，指出"欧盟应该具有法律人格"。欧共体不复存在，其法律能力由欧盟所取代。《欧洲联盟运行条约》第 335 条规定欧盟成员国应在其国内法中赋予欧盟以法律能力，第 340 条规定了欧盟的合同和非合同责任能力。此外，《欧洲联盟运行条约》取消三大支柱的划分，统一规定欧盟对外政策的一般条款，包括欧盟对外行动的指导原则、对外行动的目标、促进和保障欧盟对外行动的一致性等，

---

① The House of Lords, Select Committee on European Union, Tenth Report, *The Treaty of Lisbon: An Important Assessment*, HL 62-I (March 2008), para. 2. 58; Chapter 2 of Title V of the TEU (Specific Provisions on the CFSP).

这些有关对外政策的总则性规定有利于增强欧盟对外行动的有效性、透明性和一致性，使欧盟国际法主体地位更加稳固和确定。①但是，《里斯本条约》仍没有完全改变欧盟共同外交与安全政策的政府间性质，将欧盟共同外交与安全政策和欧盟其他对外政策分开，单独列在《欧洲联盟条约》(Lisbon)第五部分第二章，欧盟在该领域的权能不属于欧盟在其他领域的专属权能和共享权能，具有不同的表决程序和执行机制，也基本上排除欧盟法院的司法审查权和欧洲议会的权利，欧盟共同外交与安全政策的强制力主要依赖于成员国对共同外交与安全政策措施的执行而不是欧盟法院的强制力。②

2. 欧盟的国际条约缔约权

欧盟有关缔结国际条约的权能和程序的规定是分散的，而且主要针对欧共体。原来的欧盟基础条约并没有明确规定欧盟缔约权，只是分别在第24条和第38条中授权理事会轮值主席国可以代表理事会与第三国或国际组织在共同外交与安全政策和警察与刑事司法合作领域缔结国际协定。③

《里斯本条约》规定，欧盟有权缔结国际条约。缔结条约的法律基础是《欧洲联盟运行条约》和《欧洲联盟条约》。其中《欧洲联盟条约》(Lisbon)第8条、第24条和《欧洲联盟运行条约》第216条是关于欧盟在共同外交与安全政策领域和其他对外关系领域缔结国际条约的一般性条款。依照《欧洲联盟条约》(Lisbon)第8条，欧盟应与毗邻国家发展良好的、密切的、和平的关系，以求共同发展、合作和繁荣。《欧洲联盟条约》(Lisbon)第24条规定，欧盟就共同外交与安全政策的宗旨，有权与有关国家、国际组织订立国际条约。依照《欧洲联盟运行条约》的规定，欧盟取代欧共体，具有缔结国际条约的能力。欧盟可以与第三国签订条约，规定对具有该国国籍

---

① Article 21-22, Title V, Treaty on European Union(Lisbon).

② Article 23-46, Title V, Treaty on European Union(Lisbon).

③ 曾令良：《〈里斯本条约〉后欧盟对外关系权能的变化——以法律为视角》，载《湘潭大学学报》2011年3月。

而不满足欧盟成员国居留条件的本国人，该国应接受其入境。①
《欧洲联盟运行条约》第 188 条规定，欧盟依照《欧洲联盟条约》
（Lisbon）第 21 条有关欧盟对外行动目标和《欧洲联盟运行条约》第
208 条有关发展与合作政策的规定，欧盟可以为实现这两个政策的
目标而与第三国、国际组织签订国际协定。② 但是，欧盟在这两个
领域的缔约权不应侵犯成员国有关权利。《欧洲联盟运行条约》第
214 条规定，为实现《欧洲联盟条约》（Lisbon）第 24 条和《欧洲联盟
运行条约》第 214 条第（1）款有关人道主义援助的目标，欧盟与第
三国或国际组织订立国际条约，但欧盟在这个领域的权利不应损害
成员国在该领域与其他国际法主体谈判和缔结条约的权利。有关欧
盟有权缔结国际条约的资格的一般条款主要是《欧洲联盟运行条
约》第 216 条。该条第 1 款是新增条款，指出欧盟基于条约规定、
为实现条约宗旨和目标、或基于欧盟一项有拘束力的法律行为以及
为影响欧盟共同规则或改变规则范围等要求，可以与一个或多个第
三国乃至国际组织缔结国际条约。这一新增条款赋予欧盟在条约规
定的范围内缔结国际条约权利的同时，也默示地赋予欧盟在条约没
有明确规定时的国际条约缔结权，从而扩大了欧盟缔结国际条约的
能力范围。③ 第 216 条第 2 款指出欧盟缔结的条约对欧盟机构和欧
盟所有成员国都具有拘束力。作为一般原则，欧盟不仅享有明示的
缔结国际条约的权能，而且在欧盟各项政策的框架内，享有为实现
欧盟宗旨所"必要的"其他国际协定缔结权，即隐含缔约权；而且，
欧盟缔结的国际协定既约束欧盟各机构，又约束各成员国。当然，
这与《欧洲联盟条约》（Lisbon）第 24 条第 6 款有关欧盟在共同外交
与安全政策领域国际条约缔约权的规定存在矛盾。《欧洲联盟条
约》（Lisbon）第 24 条并没有指出欧盟在该领域缔结的条约对成员国

---

① Article 79(3), Treaty on the Functioning of European Union.

② Article 21, Treaty on European Union(Lisbon); Article 208, Treaty on
the Functioning of European Union.

③ See Ioannis Papathanasiou, *The European Union's Identity as a Subject of
the International Legal Order Evolutions under the Treaty of Lisbon*, *Cambridge
Student Law Review*, Vol. 22, Issue 5, 2009, p. 36.

具有拘束力。欧盟在共同外交与安全政策领域缔结的国际条约对成员国是否具有拘束力仍不明确。《欧洲联盟运行条约》第217条规定欧盟可以与一个或多个第三国或国际组织缔结国际条约，建立有关互惠权利与义务、共同行动等联盟。《欧洲联盟运行条约》第218条规定了欧盟与第三国或国际组织缔结条约时的谈判和签署程序。欧盟理事会授权启动谈判程序，当所缔结的国际条约涉及共同外交与安全政策事项时，欧盟委员会和欧盟外交与安全政策高级代表应向欧盟理事会提交建议，通过决议的方式授权启动条约谈判程序。欧盟理事会有权并且根据条约的性质和谈判议题任命欧盟谈判者或欧盟谈判团队的负责人，欧盟理事会以特定多数方式通过决定授权签署有关的协定，但欧洲议会对下述协议有同意权，如候选成员国准备加入欧盟的联系协定、欧盟加入《欧洲人权公约》的协定、为组织合作程序而建立特定的组织框架的协定、对欧盟有重要预算负担的协定、普通立法程序或须经欧洲议会同意的特别立法程序所涉领域的协定。①

3. 国际责任

作为一个国际法主体，拥有国际法律人格即意味着具有提起诉讼和承担国际责任的能力。《里斯本条约》生效以后，欧盟取代欧共体，承担其相应的国际责任。但这种责任仅仅是名称上的变化，欧盟在共同外交与安全政策领域的国际责任仍旧没有明确规定。在该领域，欧盟自身力图避免其在争议中通过司法或仲裁程序解决因履行条约而产生的纠纷，也避免承担单独或连带的经济责任，欧盟在国际政治领域的政治行为体的属性仍旧高于法律主体属性，欧盟的责任能力仍受到质疑。② 欧共体可以就其雇员所受的损害或非法没收其雇员的财产向有关国家提起国际诉讼，以行使其保护权。欧

---

① 曾令良：《〈里斯本条约〉后欧盟对外关系权能的变化——以法律为视角》，载《湘潭大学学报》2011年3月。

② See Aurel Sari, *The Conclusion of International Agreement by the European Union in the Context of ESDP*, *International and Comparative Law Quarterly*, Vol. 57, 2008, pp. 82-84.

共体也可因立法等方式非法征用一国或其国民的财产，或违反国际协定所承担的义务而单独或与成员国分担国际责任。欧洲法院也在实践中承认欧共体受习惯国际法的约束而将其与其他国际法主体之间的争议提交仲裁解决，但是由于欧共体不是国家，它不能成为国际法院或欧洲人权法院的当事方。就欧盟而言，以欧盟在欧洲安全与防卫政策领域所缔结的条约和采取的行动为例，截至 2007 年，欧盟在该领域 11 个第三国共采取 18 次危机处理行动，欧盟理事会与第三国共签订 70 多个有关的国际协定。但是，这些行动和国际协定无一例外地在有关争议解决条款中均采用双边外交协商方式解决争议。① 采用外交途径解决争议并不是因为协议所涉内容涉及安全与防卫等敏感问题从而排除强制性争议解决方式（如仲裁或诉讼）的适用，恰恰相反，国际实践中不乏在有关政治军事的国际协议中订立强制性的争议解决方式的条款。② 欧盟理事会在协议中采用外交途径解决争议表明争议双方当事国都回避成为国际诉讼程序的主体，也无处寻求解决争议的对象。此外，欧盟理事会签订的上述国际协议中均提供了欧盟成员国、欧盟有关部门和第三国有义务应对与派出人员有关的所有诉求的法律机制，人身或财产的损失由派出国提供经济补偿，欧盟并不承担与此有关的国际责任。可以设想，当第三国或个人就欧盟的维和行动而在国际司法机构如国际刑事法院或欧洲人权法院向欧盟或其成员国提起诉讼时，有关的欧盟成员国很有可能会主张受诉主体是欧盟而非成员国，从而使欧盟国际责任的范围成为一个不确定的疑问。③ 因此，在未来有关欧盟的

---

① See Aurel Sari, *The Conclusion of International Agreement by the European Union in the Context of ESDP*, *International and Comparative Law Quarterly*, Vol. 57, 2008, p. 83.

② 例如 Art. Ⅷ, Treaty for Collaboration in Economic, Social and Cultural Matters and for Collective Self-defence (Brussels Treaty, 1948) 和 Art. 46, UN-Congo(1961)等都是这样的例子。See 19 UNTS 51 and 414 UNTS 230.

③ See Aurel Sari, *Jurisdiction and International Responsibility in Peace Support Operations: the Bebrami and Saramati Cases*, *Human Rights Law Review*, Vol. 8, 2008, p. 51.

各种争议中，欧盟是否具有法律人格将不再是一个讨论的焦点，取而代之的是欧盟的权能范围、欧盟国际责任和可诉性问题。

4. 制裁

《欧洲联盟条约》(Lisbon)第 29 条取代《尼斯条约》第 15 条成为欧盟用以在共同外交和安全政策领域采取国际制裁的法律基础。该条规定："理事会应通过决议就联盟针对某一具有地理性质或主题性质的特殊事项应采取的方法做出规定。"该条删除了《尼斯条约》中成员国可在此领域采取措施的规定，因而在一体化的方向上又向前迈进了一步。目前，欧盟基于共同外交与安全政策实施的国际制裁，除了那些仅包含经济措施的制裁，都以《欧洲联盟条约》(Lisbon)第 29 条为基础做出，如修改对朝鲜制裁措施的第 2011/860/CFSP 号文件，以及修改对刚果民主共和国制裁措施的第 2010/788/CFSP 号文件。① 欧盟的经济制裁不仅可以针对第三国，还可以针对非国家实体和个人。② 欧盟法院对此有司法审查权。

5. 加入或参与其他国际组织

《里斯本条约》之前，欧共体被明确赋予保持与其他国际组织之间的关系和开展与其他国际组织之间的合作的权利，而且这种权利被指定由欧盟委员会具体负责。欧盟条约没有明确授权共同体参与国际组织的权力，但是欧洲法院在第 1/76 号意见中明确承认了欧共体具有参与建立国际组织并成为国际组织成员的权利。③ 欧盟不是任何国际组织的成员。但在《里斯本条约》之后，具有法律人格的欧盟将取代欧共体，成为欧共体所加入的国际组织的成员。《欧洲联盟运行条约》在第五部分的"欧盟对外行动"中专门以第六篇的方式对"欧盟与国际组织和第三国关系以及欧盟代表团"予以明确规定，从而突出其重要性和构成欧盟对外关系的组成部分。其中第 220 条规定外交事务与安全政策高级代表和欧盟委员会具体负责实施欧盟与联合国及其专门机构、欧洲委员会、欧洲安全与合作

---

① 黄德明、李若瀚：《论欧盟国际制裁法律基础的革新》，载《当代法学》2013 年第 3 期。

② Article 215, Treaty on the Functioning of European Union.

③ Opinion 1/76 ECR, 741, 1977.

组织、经合组织和其他国际组织建立关系和维持合作。此外，第221条还明确规定，欧盟在第三国或国际组织的代表团代表欧盟，并直接受欧盟外交事务与安全政策高级代表的领导。这与过去的实践有很多的不同，原来的欧盟驻第三国和国际组织的代表团是以欧盟委员会的名义且直接接受后者的领导，欧盟应以各种形式与联合国及其所属机构、欧洲理事会(The Council of Europe)、欧洲安全与合作组织(Organization for Security and Cooperation in Europe)、经济合作与发展组织(Organization for Economic Cooperation and Development)保持密切的合作。欧盟也应以各种形式维持与其他国际组织的关系。欧盟外交与安全政策高级代表以及欧盟委员会应执行该条款。与原条约的规定相比，这一条款涉及欧盟对外政策的所有领域，要求欧盟外交与安全政策高级代表和欧盟委员会共同负责，并首次提到欧盟要与欧洲安全与合作组织发展良好的合作。①

在《里斯本条约》生效以前的实践中，欧共体与国际组织的关系主要有三种形式：欧共体与国际组织之间签订协定、欧共体与国际组织之间的行政合作安排以及欧共体与国际组织之间外交或类似关系的建立。② 欧共体是联合国粮农组织、世界贸易组织、欧洲复兴与开发银行等一般性国际组织的成员，以及60多个通过国际条约方式而建立的专门性国际组织的成员，这些专门性国际组织大多是联合国贸发会议框架下的有关渔业、环境保护和商品协定内容的国际条约。③ 2007年，欧共体成为海牙国际私法会议的成员，这

---

① See Dominic Mcgoldrick, *The International Legal Personality of the European Community and the European Union*, in Michael Dougan and Samantha Currie eds., *Fifties Years of the European Treaties*, *Looking back and Thinking forward*, *Essays in European Law*, Oxford and Portland, Oregon: Hart Publishing, 2009, p. 214.

② 参见黄德明：《略论欧洲共同体与欧洲联盟的法律人格》，载《法学评论》1998年第6期。

③ See Dominic Mcgoldrick, *The International Legal Personality of the European Community and the European Union*, in Michael Dougan and Samantha Currie eds., *Fifties Years of the European Treaties*, *Looking back and Thinking forward*, *Essays in European Law*, Oxford and Portland, Oregon: Hart Publishing, 2009, p. 191.

是一个以逐步统一国际私法规则为宗旨的国际组织。① 此外，由于欧共体的特殊性质，它在一些国际组织中不具有成员地位，而仅仅具有观察员的地位，这些国际组织主要有联合国大会、经社理事会、安理会、联合国贸发会议以及联合国的一些专门机构如国际劳工组织、世界卫生组织、联合国教科文组织、国际民航组织、万国邮政联盟、国际电信联盟、世界海事组织、国际气象组织、世界知识产权组织、联合国工发组织和世界旅游组织等，此外还有地区性组织，如欧洲安全与合作组织和美洲国家组织等组织中具有观察员的地位。② 2007 年 5 月，欧盟与欧洲委员会签订《谅解备忘录》，从而使欧盟具有欧洲委员会观察员的地位。③ 在《里斯本条约》生效以后，欧共体因加入或参与的国际组织而享有的所有权利和义务都由欧盟所取代。

值得一提的是，欧盟与联合国安理会的关系十分特殊。《欧洲联盟运行条约》第 34 条还特别规定，作为联合国安理会成员的欧盟成员国应该协同合作并确保欧盟其他成员国和欧盟外交与安全政策高级代表信息共享。作为联合国安理会的欧盟成员国在不违背《联合国宪章》所规定的义务的前提下，在履行其职能时，应维护欧盟的立场和利益。《欧洲联盟条约》（Lisbon）第 34 条是《尼斯条约》第 19 条的发展，它不仅要求在联合国安理会担任常任理事国的欧盟成员国（英国、法国），还要求作为联合国安理会其他理事

① See A Schulz, The Accession of the EC to the Hague Conference on Private International Law, *International Comparative Law Quarterly*, Vol. 56, pp. 939-950, 2007.

② 参见黄德明：《略论欧洲共同体与欧洲联盟的法律人格》，载《法学评论》1998 年第 6 期。

③ See Dominic Mcgoldrick, *The International Legal Personality of the European Community and the European Union*, in Michael Dougan and Samantha Currie eds. , *Fifties Years of the European Treaties*, *Looking back and Thinking forward*, *Essays in European Law*, Oxford and Portland, Oregon: Hart Publishing, 2009, p. 192.

国的欧盟成员国承担对欧盟非联合国安理会成员国的通知义务以及对欧盟外交与安全政策高级代表的通知义务。但是，欧盟只能派出代表团参与安理会的正式会议，至于非正式的磋商和谈判，由于受国家主权原则的限制而不能参与。因此，由于受欧盟自身及国际形势的影响，《欧洲联盟条约》(Lisbon)第34条对欧盟在参与国际组织中的主体资格的发展是十分有限的，它并没有从根本上改变欧盟在联合国安理会中的本质：欧盟代表团不能成为联合国安理会的正式成员、欧盟成员国对联合国的义务高于对欧盟的义务、联合国安理会成员国对分享给欧盟的信息有实质上的控制权、联合国安理会成员国对欧盟外交与安全政策高级代表和欧洲理事会主席出席联合国安理会有实质上的控制权。①

6. 外交承认与代表

外交承认与代表是一个国际组织具有国际法律人格的显著标志。《里斯本条约》生效以前，截至2008年10月，共有170多个国家和地区以及18个国际组织向欧共体派遣对外代表机构或联络处。② 同时，欧共体也与世界各国建立对外关系，共派出130多个代表团和5000余名欧盟职员。③ 但由于国际组织的外交承认与代表权利并没有受到国际社会的广泛认可，因此，严格来说，欧共体

---

① See Daniele Marchesi, *The EU Common Foreign and Security Policy in the UN Security Council: Between Representation and Coordination*, European Foreign Affairs Review, Vol. 15, 2010, p. 108.

② See Dominic Mcgoldrick, *The International Legal Personality of the European Community and the European Union*, in Michael Dougan and Samantha Currie eds., *Fifties Years of the European Treaties*, *Looking back and Thinking forward*, Essays in European Law, Oxford and Portland, Oregon: Hart Publishing, 2009, p. 192.

③ 这与欧盟成员国与第三国的外交关系形成鲜明对比。一些欧盟成员国，出于节约成本的考虑，减少了对外使团的数量。截至2006年，世界上只有中国、美国和俄罗斯三个国家是欧盟所有成员国均派出外交使团的国家。See *Diplomatic and Consular Protection of Union Citizens in Third Countries*, Euopean Commission, Green Paper, COM, p. 712, 2006.

派往第三国或国际组织的代表团仅仅是欧盟委员会名义下的代表团，是欧盟委员会的一个部门，而不是欧共体或欧盟层面的受外交法调整的国际法意义上的代表团。针对这一问题，《里斯本条约》规定欧洲理事会主席对外代表欧盟，但是与国家元首的权利不同，欧盟委员会主席签署的国际条约对欧盟没有拘束力，因为《里斯本条约》赋予欧盟理事会有权签署国际条约，而非欧洲理事会或欧洲理事会主席。① 同时，欧洲理事会主席行使职权不能侵犯欧盟外交与安全政策高级代表的职权。欧盟共同外交与安全政策领域的所有对外行动都将在欧盟理事会的授权下，由欧盟外交与安全政策高级代表统一行使，欧盟外交与安全政策高级代表在与第三国的政治对话中对外代表欧盟，在国际组织和国际会议中代表欧盟发表立场和观点。② 欧盟在第三国或国际组织中的代表团由欧盟外交与安全政策高级代表授权，在相应级别上代表欧盟，并与欧盟成员国在第三国或国际组织中的外交与领事使团保持密切合作。③ 欧盟外交与安全政策高级代表由欧盟对外行动署（European External Action Service）协助。对外行动署在与各成员国外交部门合作及欧盟委员会协调的基础上进行行动。

四、结论

总结上述欧盟法律人格，可以发现《里斯本条约》下的欧盟法律人格与《尼斯条约》下的欧共体及欧盟法律人格存在如下不同之处：

---

① See Article 218, Treaty on the Functioning of European Union; Ioannis Papathanasiou, *The European Union's Identity as a Subject of the International Legal Order Evolutions under the Treaty of Lisbon*, Cambridge Student Law Review, Vol. 22, Issue 5, 2009, p. 36.
② Article 18, Treaty on European Union(Lisbon).
③ See Article 221, Treaty on the Functioning of European Union.

		《尼斯条约》	《里斯本条约》
法律人格	欧共体/欧盟	《欧洲共同体条约》第281条明确规定欧共体的法律人格	《欧洲联盟条约》(Lisbon)第1条(b)规定,欧共体由欧盟所取代;第47条明确规定欧盟具有法律人格,但是欧盟具有的法律人格不能超越成员国所赋予的权利的范围
		《欧洲共同体条约》中没有明确规定。《尼斯条约》第24、38条规定欧盟在共同外交与安全政策领域是否有法律人格需要由成员国协商	
国际条约缔约权	欧共体/欧盟	欧共体享有独立的(商业政策、经济合作与发展组织、关税及贸易总协定和发展政策)或与成员国分享的经济领域的国际条约制定权(如关贸总协定知识产权协议、能源合作等)①	《欧洲联盟条约》(Lisbon)第24条规定欧盟可与第三国、国际组织订立国际条约。《欧洲联盟运行条约》第216条规定欧盟缔结的条约对欧盟机构和欧盟成员国都具有拘束力。《欧洲联盟条约》(Lisbon)第188条规定欧盟理事会有权利参与国际条约协商,并根据国际条约内容确定代表欧盟协商的机构;高级代表有权代表欧盟参与协商;除涉及欧盟新国家加入需要全体一致同意外,欧盟有权确定国际协议的签订
		《尼斯条约》第24、38条没有直接规定欧盟的条约制定权,只规定欧盟在第二、第三支柱内有权与第三国或国际组织缔结国际协议	
制裁	欧共体/欧盟	《欧洲共同体条约》第301条规定,欧共体可以在共同外交与安全政策中的共同行动或联合立场的机制下采取经济制裁	《欧洲联盟运行条约》第201条规定,欧盟可以对第三国、非国家实体和个人实行经济制裁

① Article 133, 174, 181, 310, Treaty on European Communties.

续表

		《尼斯条约》	《里斯本条约》
国际组织的参与	欧共体/欧盟	没有规定欧共体享有参与政府间国际组织的权利，但赋予欧盟委员会有权维护欧盟与联合国及专门机构、世界贸易组织等国际组织的关系，而欧共体应与欧洲理事会和欧洲合作与发展组织保持密切合作①欧共体已加入联合国食物与农业委员会、欧洲重建与发展银行、世界贸易组织等国际组织	欧盟外交与安全政策高级代表全权代表欧盟发展与国际组织的关系，欧盟在第三国或国际组织中的代表团由高级代表任命并与欧盟成员国的外交和领事使团密切合作
		除内部限制外，欧盟宪章或宪法还限制欧盟在国际组织中的成员资格，除非该组织依照国际法允许欧盟的参与	
对外能力的范围	欧共体/欧盟	共同体在关税和贸易领域拥有排他的对外权利；而在政治领域，共同体的对外权利并不是排他的，而是与成员国的权利并行的，欧共体与其成员国需要保持合作和磋商	欧盟在竞争、海关联盟、保护海洋生物、实行欧元的成员国的货币政策等方面有排他的对外权力；而在内部市场、消费者保护、环境保护、能源社会政策等方面享有与成员国分享的对外权力
国际责任	欧共体/欧盟	欧共体单独或与成员国共同承担国际责任。欧盟法院也认可欧共体在国际习惯法上可以承担国际责任	虽赋予欧盟独立的法律人格，但却避免欧盟在争议中通过司法或仲裁解决，也避免欧盟承担直接经济责任

---

① Article 302, 304, Treaty on European Communties.

从上表的对比中可以发现，与默示赋予欧盟法律人格的《尼斯条约》相比，《里斯本条约》是欧盟发展史中新的里程碑。

明确赋予欧盟法律人格，有利于增强欧盟对外行动一致性，消除了欧盟与欧共体权能分割而给欧盟自身、欧盟机构、欧盟成员国乃至第三国和其他国际组织造成的困惑；明确赋予欧盟法律人格，增强了欧盟潜在的和实际的国际条约谈判功能，使欧盟的对外行动更有效、更透明、更民主；欧盟的独立人格，有利于增强欧盟的凝聚力，强化欧盟成员国对外"以一个声音说话"，使欧盟公民更具归属感和认同感，欧盟机构与公民间的距离大大拉近；欧盟主席制度化及高级代表的设立，进一步使欧盟在全球性事务上决策更具协调性和影响力，树立欧盟更强有力的国际形象；明确赋予欧盟法律人格，有利于提高欧盟法的确定力，避免欧共体多重法律人格所造成的制度间的重复，从而提高欧盟的决策效率。[1] 由于《里斯本条约》前的欧盟基础条约中没有明确规定欧盟的法律人格，仅在第二、第三支柱中含糊地规定了缔约权，因此在涉及跨支柱国际条约时，对欧盟与成员国之间的权能界限并不清楚，对协议的执行、修改、中止和违反协议的责任的承担往往更不确定。《里斯本条约》生效以后，这一问题将从根本上得到解决。

但《里斯本条约》在欧盟法律人格的规定上还有很多问题尚待明确。

首先，从宪政角度看，《里斯本条约》关于欧盟的权能范围，尤其是共同外交与安全政策领域的权能不够明确。欧洲理事会在对外关系上的权能变化与欧盟委员会已有的对外关系权能领域存在冲突。[2] 虽然《里斯本条约》在名义上去掉了欧盟的三大支柱的划分，但并没有从实质上改变共同外交与安全政策的政府间性质，欧盟共同外交与安全政策与欧盟其他对外政策仍旧是两个隐性支柱[3]，欧

---

① 参见雷益丹：《论欧洲联盟的法律人格》，载《法学评论》2006 年第 3 期。

② 参见金玲：《〈里斯本条约〉与欧盟欧盟共同外交与安全政策》，载《欧洲研究》2008 年第 2 期。

③ 参见程卫东：《〈里斯本条约〉：欧盟改革与宪政化》，载《欧洲研究》2010 年第 3 期。

盟对外政策的一致性仍旧很难彻底实现。《里斯本条约》虽然突出了授权原则（principle of conferral），也明确规定了欧盟的四种类型权能：专属权能，共享权能，支持、协调和补充权能，共同外交与安全政策领域的权能。《欧洲联盟运行条约》对上述前三种权能的概念和法律效力做了明确规定，但对共同外交与安全政策领域的权能的规定却十分模糊，"欧盟可以根据欧洲联盟条约的规定制定和执行共同外交与安全政策，包括逐步构建共同防务政策的权能"，"这一权能应覆盖外交政策的所有领域以及与欧盟安全有关的所有问题，包括逐渐构建一个可能导致共同防务的共同防务政策"。由此，有关欧盟权能划分和法律基础的争论将公开化，尤其是跨支柱法律基础的选择问题会更加复杂①，对今后的实践造成很大的困惑。

其次，就国际协定的通过方式而言，《里斯本条约》做出了重大突破，规定大多数国际条约可以通过多数表决方式通过，但条约规定应采用全体一致方式通过的除外。欧盟理事会缔结条约的决议在多数情况下需要获得欧洲议会的同意。从表面上看，特定多数表决方式的适用范围得以扩大，但事实上，欧洲理事会的全体一致同意是欧盟理事会例外适用特定多数表决机制的前提，这在一定程度上削弱了特定多数表决方式例外适用的实际效果。②

再次，《里斯本条约》关于欧盟国际责任的规定不够彻底。作为一个国际法主体，具备法律人格的重要表现之一就是能够参与国际法律关系，并在国际诉讼中成为诉讼主体。然而，《里斯本条约》虽然明确规定欧盟缔结国际条约的程序，却没有规定欧盟承担国际责任的形式和范围。一个参与国际法律关系，却回避承担国际法律责任的国际法主体，在国际舞台上很难发挥更大的作用。

---

① Marise Cremona, *Defining Competence in EU External Relations*: *Lessons from the Treaty Reform Progress*, in Alan Dashwood and Marc Maresceau eds. , *Law and Practice of EU External Relations Salient Features of a Changing Landscape*, London: Cambridge University Press, 2008, p. 69.

② Article 212, 218, 219, Treaty on the Functioning of European Union.

此外，欧盟内部机构职能划分不清楚。虽然欧盟机构改革的最大亮点在于增设欧洲理事会常任主席、欧盟外交与安全政策高级代表和欧盟对外行动署三大机构。但《里斯本条约》在欧盟对外代表性上的职能区分和协调不明确，欧盟委员会主席、欧洲理事会常任主席和欧盟外交与安全政策高级代表在各自领域内代表欧盟但分工不明，尤其是欧洲理事会常任主席和高级代表之间的分工不清；欧盟对外行动署的具体职能、运作方式、预算、结构、活动领域以及成员的任职条件、具体人数、组成方法等问题仍不清楚；身兼数职的欧盟外交与安全政策高级代表如何在欧盟各机构之间有效行动，如何将欧盟共同外交与安全政策与欧盟共同商业政策、发展合作政策、人道主义援助政策等区分开来并保持协调仍不明确；① 欧盟、欧盟机构与成员国的关系也有待进一步明确，等等。

从国际政治的角度看，《里斯本条约》的诸多改革是欧盟内部政府间主义与超国家主义的较量，如同以往历次欧盟制度改革一样，《里斯本条约》是各种力量相互妥协的结果。它一方面增强了欧盟的超国家性，如取消三大支柱的划分、设置欧盟外交与安全政策高级代表、扩大特定多数表决方式的适用范围等；另一方面也保留了政府间因素在特定问题上的影响，如赋予欧洲理事会就欧盟所有对外行动的战略意义和目标做出决议的权力，保留欧盟共同外交与安全政策领域的特殊性，剥夺欧盟委员会在共同外交与安全政策领域的动议权，等等。上述两大倾向必将在未来相当长的时期内并存，欧盟在政治、经济等各个领域更广泛、更全面、更深入的一体化任重道远。

最后，尽管《里斯本条约》的改革力度不够，有些条文过度理想化，有些条文流于形式，有些条文过度保守，有些条文过于激进，但它毕竟为欧盟对外关系的一致性做出了很多积极的探索，结束了欧盟一体化进程中欧盟一直"身份不明"的历史，同时也开启了欧盟一体化进程中欧盟"追求身价"的新时代。《里斯本条约》以

---

① 参见张华：《欧盟对外关系法中的一致性原则：以〈里斯本条约〉为新视角》，载《欧洲研究》2010 年第 3 期。

后，有关欧盟法律人格（personality / identity）问题的讨论，将不再是"是"（Yes）或"否"（No）的回答，而是欧盟的"身价"（competence/ capacity）是多少（what）、为什么是这样（why）和怎样使欧盟在多极国际社会中能够代表 28 个成员国对外"用一个声音说话"（how）、欧盟承担国际责任的形式和能力如何、欧盟与成员国及第三国的关系如何等问题，这些问题将成为欧盟宪政和欧盟对外关系法律制度领域的重要课题，值得我们密切关注。

第二节　欧洲联盟的权能

一、欧洲联盟的权能概说

欧盟和成员国之间权能的划分是指欧盟与成员国之间对管辖领域的权限划分，从而界定欧盟与成员国的职权范围，实现权力均衡。随着欧洲一体化的逐步深入和扩大，欧盟成员国把越来越多的主权授予欧盟，欧盟的每一部基础条约也都尽量明确规定欧盟的权能领域，使欧盟的权限从最初的共同体市场领域扩展到政治、社会、共同外交、安全、司法和内务领域。① 自《马斯特里赫特条约》起，欧盟的对外行动就在独特的宪法机制下进行。其中，第一支柱依照欧共体条约，而第二、第三支柱依照《欧洲联盟条约》的规定。《莱肯宣言》明确界定和划分欧盟权能的目的在于：使欧盟的权能划分更加清晰和透明；确保欧盟具有成员国赋予其执行某一任务的能力，从而保持欧盟的活力；确保欧盟权能不致过度蔓延从而损害成员国的专属权力；随时满足重新界定欧盟与成员国之间权能的需求。此外，《莱肯宣言》指出促进欧盟权能划分应遵守四个标准，即清楚（表明欧盟现行条约有关欧盟权能的划分是不够清楚、没有原则且比较混乱）、授权（表明欧盟应该在成员国授权的范围内活动，并且欧盟应被授予与实现其功能相适应的权力）、控

---

① 参见张彤：《欧盟权能划分——〈里斯本条约〉生效后的变化和问题》，载《国家行政学院学报》2010 年第 5 期。

制(体现一些成员国，如德国等的观点，即欧盟具有较多的权能，应该从实体上进行控制)和反思(即欧盟是否应继续享有其曾经被赋予的某些权能，或对欧盟已有的权能进行反思)。本着上述目的和标准，《里斯本条约》在欧盟权能的界定上实现了突破，它不仅确立了欧盟行使其权能应遵守的一系列基本原则，而且较系统地规定了欧盟权能的类型，并明确列举了各类权能的具体领域。

(一)欧盟权能的基本原则

欧盟权能划分的基本原则是授权原则、从属性原则和相称性原则。

授权原则(conferral)是确认国际组织权能的一项基本原则。但国际组织的基本章程很少就这一原则做出明确规定。《欧洲联盟条约》(Lisbon)第5条是继《欧盟宪法条约》之后，欧盟在基本条约中明确规定授权原则的基本法律文件。该条第1款和第2款规定："欧盟的权能范围受授权原则的支配，欧盟权能的行使受从属性原则和相称性原则的限制。""依照授权原则，欧盟权能的范围应本着欧盟的目标，由成员国在条约中赋予；条约中没有赋予的权能由成员国享有。"任何国际组织，不论其权能范围大小，也不论其权能深入程度如何，其权能均来自其赖以建立的组织章程。而组织章程，从本质上讲，是成员国间的书面协议。因此，国际组织的权能源于成员国通过国际组织章程而做出的授权。

从属性原则(subsidiarity)在欧盟法中的含义是指欧盟在分享或并存权能领域，只能在证明成员国不能有效实现特定目标并证明自己能更好地实现此等目标时才能采取行动。简而言之，在并存权能领域，欧盟的权能从属于成员国的权能。① 根据该条规定，从属性原则适用于欧盟的排他性权能以外的各种权能领域。在排他性权能以外的领域，欧盟行使权能应从属于成员国，除非欧盟能够举证证明欧盟的行动规模和效果与成员国的行动相比，能更好地达到特定的目标。欧盟法院在确定欧盟的行动是否符合从属性原则时，通常采用"比较效率标准"(comparative efficiency test)和"增值标准"

---

① See Art. 5(3), Treaty on European Union(Lisbon).

(value-added test)两种方法。即首先分析成员国的行动手段(如财政、中央或地方立法、劳工协议等)是否奏效;再分析欧盟行动的效果(如规模、跨国性、紧急状态、不作为的后果等)是否比成员国的相应行动更有效。同时,还要结合相称性原则,证明欧盟行动的强度和性质与预期的目的平衡。

依照《欧洲联盟运行条约》第 5 条的规定,欧盟法中的相称性原则(proportionality)是指欧盟行动的目的和方式不能超过条约目的的范围,即要求欧盟行动所采取的手段应与条约所追求的目标相称。同时该条要求欧盟机构依照条约附件中有关《从属性和相称性原则议定书》的规定来具体适用相称性原则。

上述原则表明,欧盟权能的行使是四个因素共同作用的结果:欧盟成员国对欧盟权能范围的选择;欧洲议会立法权的获得与扩大;欧盟法院的司法判例与法理;欧盟机构就欧盟权力的诠释、运用和发展。① 只有遵循上述原则,各个行为体才能在不同层次上有效采取行动,实现欧盟的不同功能。

(二)欧盟权能的类别

欧盟的权能主要包括专属权能(exclusive competence),共享权能(shared competence),支持、协调和补充权能(supporting, coordinating, and supplementing competences)以及在特殊领域的权能。

欧盟的专属权能也称为排他权能。《欧洲联盟运行条约》第 2 条第 1 款和第 3 条规定欧盟具有专属权能的领域,只有欧盟有权立法或采取具有法律效力的条例,成员国只有在欧盟赋予其权力或执行欧盟条例的情况下才具有权力。根据《欧洲联盟运行条约》第 3 条的规定,欧盟专属权能的领域主要包括关税同盟、内部市场运作所必要的竞争政策的确立、其货币为欧元的成员国之货币政策、共同渔业政策下的海洋生物资源的保护和共同商业政策领域。此外,如果欧盟立法文件中明确规定国际协定由欧盟缔结或欧盟行使内部

---

① See Paul Craig, *The Lisbon Treaty Law, Politics and Treaty Reform*, Oxford University Press, 2010, pp. 156-159.

权能所必要或此等缔结会影响共同规则及其范围的调整，欧盟的国际协定缔结权能也是专属的。

　　欧盟的共享权能也称为分享权能。《欧洲联盟运行条约》第2条第2款规定了欧盟享有与成员国共享的权能领域。共享权能的含义是欧盟与成员国都有权在该领域立法或采取具有法律效力的条例。但是成员国应该在欧盟没有行使其权能的情况下行使权能或在欧盟放弃行使权能的情况下行使权能。《欧洲联盟运行条约》第4条规定了欧盟与成员国共享权能范围，欧盟与成员国分享的权能领域主要包括内部市场、欧盟基本条约规定的社会政策、经济、社会、农业和渔业（海洋生物资源维护不在其内）、环境、消费者保护、交通运输、跨欧网络、能源、自由、安全与正义领域、公共健康事项中的共同安全关切。此外，该条还明确规定，在研究、技术开发和空间领域，一方面欧盟应享有开展各项活动尤其是确立和实施各种计划的权能，另一方面此等权能的行使不应妨碍各成员国行使其权能。类似地，在对外发展合作与人道主义援助领域，一方面欧盟应享有开展各项活动和采取共同政策的权能，另一方面此等权能的行使不应阻止各成员国行使其权能。这些规定意味着欧盟与其成员国在这些领域的权能属于"并存"的性质。这是一个兜底条款，值得注意的是，《欧洲联盟条约》（Lisbon）对欧盟专属权能和支持、协调和补充权能的规定是穷尽的，但是关于共享权能的规定却有一个兜底条款，其目的在于涵盖条约没有列举的其他事项。

　　《欧洲联盟运行条约》第2条第5款是有关欧盟支持、协调与补充权能的规定。即欧盟在该领域有权支持、协调和补充成员国的行动，但是无权订立立法性规则。在欧盟框架内，成员国之间应协调其经济政策。为此，理事会可以采取适当措施，尤其是一般性的指南、欧盟还应采取措施协调成员国的就业政策和社会政策，以及在欧洲层面上采取行动支持、协调和补充各成员国的行动（如保护和改善公共健康、工业、文化、旅游、教育、职业培训、体育、公民保护和行政合作）。

　　下表详细列举了欧盟的权能划分：

欧盟与成员国权能划分		
专属权能	共享权能	支持、协调和补充权能
1. 关税同盟 2. 内部市场有效运作的竞争规则的建立 3. 欧元区成员国的货币政策 4. 海洋生物资源的保护（渔业政策下） 5. 共同商业政策 6. 特定国际协定的缔结①	1. 内部市场 2. 《欧洲联盟运行条约》界定的社会政策 3. 经济、社会和领土团结； 4. 农业和渔业（海洋生物资源维护除外） 5. 环境 6. 消费者保护 7. 交通运输 8. 跨欧网络 9. 能源 10. 自由、安全与正义 11. 《欧洲联盟运行条约》中界定的公共健康事项中的共同安全关切	1. 人类健康的保护与改善 2. 工业 3. 文化 4. 旅游 5. 教育、体育、职业培训 6. 民事保护 7. 行政合作

特殊的权能领域：
1. 经济与就业政策的协调
2. 共同外交与安全政策和共同安全与防务政策
3. 研究、技术开发和空间
4. 发展合作与人道主义援助

二、共同外交与安全政策权能

（一）《里斯本条约》关于共同外交与安全政策权能的规定

依照《欧洲联盟运行条约》第 2 条第 4 款规定，欧盟有权界定和执行一个共同的外交与安全政策，包括逐步形成一个共同的防

---

① 即如果有关协定的缔结在欧盟的立法中做出了规定，或为欧盟能够行使其内部权能所必要，或其缔结可能影响共同规则或修改其范围。

58

卫政策。共同外交与安全政策主要列在《欧洲联盟条约》(Lisbon)第 V 条中，欧盟在共同外交与安全政策领域的权能不属于上述任何权能，欧盟在共同外交与安全政策领域的权能不具备优先效力，成员国的行动优先于欧盟的权力。① 第 2 条第 4 款也规定欧盟具有界定(define)和执行(implement)共同外交与安全政策以及构建欧盟的共同防卫体系的行动。但是却没有明确规定直接影响(direct effects)原则的适用范围，也就无法确定直接影响原则如何适用。欧盟法院的解释似乎可以理解为是一种方式。但是，欧盟法院在共同外交与安全政策领域没有管辖权。因此，欧盟法院无权确定一项共同外交与安全政策行动是否具有直接的影响或者优先于与之相冲突的成员国的国内行为。而成员国的国内法院却可以确定一项共同外交与安全政策的行为是可以发起抑或间接发起，成员国的国内法院还可以确定一项共同外交与安全政策行为是否与其本国的国内法相冲突。这种做法产生了一个矛盾的后果，即欧盟成员国的国内法院是否有权在未咨询欧盟法院的情况下来解决上述问题。

继《欧盟宪法条约》之后，《欧洲联盟运行条约》单设一章专门规定欧盟共同外交与安全政策。其中《欧洲联盟条约》(Lisbon)第 24 条第 1 款，也对欧盟在共同外交与安全政策领域的能力做了规定。欧盟在这一领域的能力，就范围而言，包括外交政策的所有领域和有关安全的所有问题，包括逐步形成防务政策直至最终形成共同防务在内。就成员国而言，其义务主要是一般性的：一方面应本着忠诚和相互团结的精神，积极和无保留地支持欧盟的共同外交与安全政策；另一方面应遵循欧盟在这一领域的行动，并不得采取与欧盟利益相悖或有可能阻碍其效力的行动。《欧洲联盟条约》(Lisbon)第 42 条对共同安全与防卫政策的权能做出规定，指出共同安全与防卫政策应包括一个欧盟的共同防卫政策，并经欧洲理事

---

① See Paul Craig, *The Lisbon Treaty Law*, *Politics and Treaty Reform*, Oxford University Press, 2010, p. 182.

会全体一致同意，最终做出共同防卫的决议。欧洲理事会将建议各成员国依本国宪法程序而采取上述决议。然而，有学者认为，欧盟在该领域的权能仅具有政治上的意义，并没有为成员国在形成共同防卫上建立法律义务。

（二）共同外交与安全政策权能的性质

关于共同外交与安全政策的权能性质，理论上仍旧存在分歧。有学者认为欧盟共同外交与安全政策的权能应该列入共享权能中，因为，共同外交与安全政策属于条约中没有详尽的兜底条款的范围；① 还有学者认为共同外交与安全政策权能是"自成一体"的独特的权能②，或"非先决性"的共享权能。③

事实上，《里斯本条约》的上述规定表明，欧盟在共同外交与安全政策领域具有权能，但这种权能不属于《欧洲联盟运行条约》第 2 条所列举的排他、共享和补充权能的范畴。共同外交与安全政策领域的权能是自成一类的独特的权能，一方面，在共同外交与安全政策领域，欧盟与成员国共享权能，不具有排他性；另一方面，这种共享的权能既不属于《欧洲联盟运行条约》第 2 条所列举的共享权能的范畴，也不属于兜底性条款，其理由在于欧盟在共同外交与安全政策领域的权能不具有优先适用的效力。可见，欧盟在共同外交与安全政策领域的权能具有非排他性、非优先适用和与成员国权能平行的特点。

---

① See Koen Lenaerts, *Structuurelementen Van de Unie Volgens de Grondwet Voor Europa*, in *Sociaal-Economische Wetgeving*, 2004, pp. 400-411.

② See Jan Wouters, Dominic Coppens and Bart de Meester, *The European Union's External Relations after the Lisbon Treaty*, in Stefan Griller and Jacques Ziller eds., *The Lisbon Treaty EU Constitutionalism without a Constitution Treaty?*, Springer Wien New York, 2008, p. 162.

③ See Marise Cremona, *The Union's External Action: Constitutional Perspectives*, in Giulio Amato, Herve Bribosia and Bruno de Witt eds., *Genesis and Destiny of the European Constitution*, Brussels(Bruylant), 2007, pp. 1173-1218.

第三节　共同外交与安全政策的宗旨

一、国际组织宗旨的法律意义

任何一个国际组织均有自己的宗旨，国际组织的宗旨通过组织的章程予以规定，一般在章程的序言和首要条款中予以体现，欧洲联盟也不例外。但是，与国家的宗旨不同，国际组织的宗旨往往具有功能性，国际组织只有实现了其宗旨，才能具备完整的组织结构、合法的行为能力以及各种发挥其功能的法律机制。因此，一个国际组织的行为能力受其宗旨的制约，其内容包括所有可以发挥组织职能的各个方面，一个国际组织的责任也相应地受该组织的宗旨所制约。

从国际法的角度来说，宗旨与目标之所以对国际组织具有重要的意义，原因在于它不仅对各个成员国利益具有直接的影响，而且创建了一个新的国际法律体系，在一定程度上对成员国的国家主权产生限制，即各成员国为了实现某方面的共同利益而限制自己的国家主权。

作为欧盟重要支柱之一的共同外交与安全政策，既要遵守欧盟的一般宗旨，又要有自己的特定宗旨和目标。

二、欧盟的一般宗旨

《欧洲联盟运行条约》第 2 条规定了欧盟赖以建立的价值，即欧盟应建立在对人的尊严、自由、民主、平等、法治和尊重人权，包括尊重少数人的人权的基础上。这些价值在成员国中受到一致的尊重。该条不仅仅具有政治上宣言性的意义，也同样具有法律意义。其法律意义在于，首先，认同、尊重并追求上述价值是一个欧洲国家成为欧盟成员国的前提条件;① 其次，对上述价值的违背会

---

① Article 49, Treaty on European Union(Lisbon).

导致一成员国有关权利的中止;① 再次，追求上述价值是欧盟的首要目标。②

此外，《欧洲联盟条约》(Lisbon)扩大了欧盟的一般宗旨，几乎涵盖了所有传统的对外政策的领域和内容。在序言中，《里斯本条约》强调欧盟成员国决心执行欧盟共同外交与安全政策，包括逐步形成欧盟的安全政策，并依照第 17 条的规定建立欧盟的共同安全，从而加强欧盟的同一性和独立性，以促进欧洲和世界的和平、安全和发展。各成员国应尊重欧洲的共同文化、宗教和人文遗产，尊重人权、民主、自由、平等、法治等精神。《欧洲联盟条约》(Lisbon)第 3 条是关于欧盟一般宗旨的总体概述。该条指出，欧盟的宗旨在于促进和平、欧盟的价值和人民的福祉。序言中表明的宗旨与目标体现了各缔约国在订立条约时的目标和国际组织所要实现的功能，因此，从法律意义上讲，序言的内容可以理解为是法律宗旨和原则。

这里的和平是广义的概念，从地域上看，和平的含义包括欧盟范围内的和平、欧洲范围内的和平和世界范围内的和平。从内容上看，和平的含义包括欧盟内外的安全、欧洲范围内的安全和全球的安全，这些安全是欧盟和平宗旨得以实现的保障和前提。基于对欧盟和平宗旨的追求和对欧盟安全的维护，欧盟各国才创立了共同外交与安全政策这一支柱，并不断发展。和平与安全的追求是共同外交与安全政策得以不断发展的动因和动力。

关于欧盟的价值，最初的《欧盟宪法条约》首次对欧盟的价值做出了明确规定，其后的《欧洲联盟条约》(Lisbon)第 2 条也对欧盟的价值做了集中的规定。欧盟及各成员国应以尊重人的尊严、自由、民主、平等、法治和人权，包括少数民族的权利和男女平等为价值追求。

关于促进人民的福祉，是欧盟各成员国长期以来的追求，这也

---

① Article 7(2), Treaty on European Union(Lisbon).

② Article 3(1), Treaty on European Union(Lisbon).

可以说是欧盟这一国际组织的最终宗旨。在《欧盟宪法条约》之前，欧盟各个时期的基本文件并没有采用这一说法。《里斯本条约》采用了《欧盟宪法条约》的说法。福祉的含义在欧盟的不同时期具有不同的内容。在欧共体时代，欧盟所促进的福祉仅仅限制在经济领域，通过建立没有限制的统一大市场来满足欧盟成员国人民的物质需求。随着欧盟一体化程度的加深而不断扩大，欧盟成员国的合作与交流从经济领域扩大到了社会领域，福祉也不再仅仅限制在经济领域，而是扩大到就业、劳动保障、同工同酬、男女平等、教育、环境保护等领域。从《马斯特里赫特条约》到《尼斯条约》时期，欧盟的三大支柱，除了涉及经济领域的共同体支柱外，涉及政治领域的共同外交与安全政策支柱也不断完善。而《里斯本条约》框架下的人民福祉更加全面，还包括和平、安全、自由、正义、民主、人权，等等。人民的范围也不断扩大，不仅包括欧盟成员国内的国民，甚至还包括难民和外国人。

与以往的条约相比，《里斯本条约》在欧盟宗旨上没有做出较大的改动，但在某些措辞上则进行了修改，使欧盟的目标更符合欧盟的价值追求。例如，用"全面的就业"取代"较大范围的就业"①，新增"社会正义"、"儿童的权利"、"各时代的稳固"、"尊重欧盟的文化和语言多样性"、"确保欧盟的文化遗产得以维护和发展"等措辞，这些都体现欧盟对人的尊重和人民福祉的维护这一价值追求。②

三、共同外交与安全政策的特殊宗旨

可以说，上述欧盟的一般宗旨是欧盟的共同追求，在共同外交与安全政策领域，也同样追求上述宗旨。同时，基于共同外交与安全政策领域的特殊性，《欧洲联盟条约》(Lisbon)第 3 条第 5 款特别

①　Article 2, Treaty on European Union (Nice) and Article 2, Treaty on European Communities.

②　See Jean-Claude Piris, *The Lisbon Treaty — A Legal and Political Analysis*, Cambridge University Press, 2010, pp. 71-73.

规定了欧盟的对外关系领域的特殊宗旨。这可以理解为是欧盟共同外交与安全政策的特殊宗旨。该款指出，欧盟与外部世界的关系即"欧盟在执行对外政策时，应维护和促进联盟的价值和利益，并有益于保护联盟内公民"。这表明，欧盟在处理对外关系时，将欧盟自身确立的价值作为对外目标的组成部分，欧盟不仅要在欧盟范围内保障和促进其价值和追求，而且要在对外关系中以贯彻和推广自己的价值观为重要任务，宣扬和维护这种价值追求。在与第三国的对外关系中，欧盟应基于条约的规定，在有关人权问题、可持续发展和和平问题中郑重承诺并遵守其价值，从而为第三国所信赖并接受欧盟的价值。这样，欧盟在对外关系中，当各国对欧盟对外关系的原则和目标有了一致的定义时，条约也就实现了增强其明确性的目的。同时，欧盟将其对外的政治目标、经济目标和社会目标在高度概括的基础上融为一体，表明了 21 世纪欧盟和国际社会所面临的挑战具有高度的复杂性和交叉性。欧盟在基本条约中专门将"遵守和发展国际法"作为其对外政策的宗旨，反映了欧盟高度重视国际法在实现其对外目标中的重要地位和作用，体现了欧盟对法治这一基本宗旨的追求。

概括说来，欧盟对外政策的宗旨主要包括如下五个方面：促进地区合作与融合、促进人权、促进民主与有效治理、预防暴力冲突、打击国际犯罪。

《里斯本条约》扩大了关于欧洲共同价值观的范围，并完善了欧盟内外建设的一系列远大目标，几乎涵盖了所有传统对外政策的领域和内容。《里斯本条约》未重复原《欧洲宪法条约》中欧洲"将向人民提供机会，使人民能追求个人权利及担负对后代及全球责任，从而使欧洲成为人类充满希望的特殊领域"的表述，而是在原《欧洲联盟条约》基础上增加了一段文字，强调欧洲化、宗教和人文遗产，以及人权、民主、自由、平等、法治精神等价值观。宣称欧盟共同外交与安全政策应当巩固欧洲身份，增强维护欧洲和世界和平、安全与发展方面的独立性，并以此作为欧洲共同外交与安全政策和欧洲共同安全与防务政策所要达到的目标。

《里斯本条约》不仅强调了欧盟作为一个民事力量的目标和原则，也表现出在军事领域强化合作和进一步增强军事能力的意愿。《尼斯条约》第 21 条指出欧洲安全与防务政策应为欧盟提供在民事和军事领域行动的能力。在此基础上，《里斯本条约》修改了为实现目标而采取行动的方式，并拓展了其领域，将民事措施和军事措施均纳入其中，如联合解除武装行动、人道主义救援、危机处理任务、反恐、维和以及战后重建任务。《里斯本条约》在涉及共同外交与安全政策的一章中，新加入了"关于安全与防务政策"一节，它继承了《马斯特里赫特条约》的表述，表示将逐步加强共同防务政策，从而建立欧盟的共同防务。《欧洲联盟条约》（Lisbon）第 42 条第 7 款规定，当成员国在面临恐怖袭击、自然或人为灾难时应保证团结一致。在一成员国遭遇武力侵犯时应相互协助。这些条款尤其是《欧洲联盟条约》（Lisbon）第 42 条第 7 款与北约关于集体安全的条款极为相似。两者最大的不同是在遭遇武力侵犯时，后者规定北约可采取包括动用武装力量的行动，而在《欧洲联盟条约》（Lisbon）中却无此规定。《欧洲联盟条约》（Lisbon）第 42 条第 7 款第 2 段强调在这一领域的承诺和合作应与欧盟向北大西洋公约组织承诺的义务相一致。而对欧盟中北约成员国来说，北约仍是他们采取集体防务的基础和行动指挥部。这说明，尽管自 1999 年以后，现有的欧盟共同安全与防务政策发展迅速，但欧盟的安全与防务仍依附于北约，称欧盟为一个独立的"国际安全行为体"为时尚早。《里斯本条约》对欧盟法人地位的确定不是简单的正名，而是体制上的突破，或许可认为是向创立一个政治实体走出的重要的一步。而对欧盟机构与成员国权限的划分被普遍视为提升欧盟对外行动能力的积极因素。不难看出，《里斯本条约》对欧盟的身份和目标定位存在着多重性：欧盟希望同时成为民事和军事国际行为体，因此，在追求民事目标的同时，也加强了为达到军事目标的行动能力。这体现了欧盟致力于向一个真正兼有民事和军事国际行为体迈进的强烈愿望和宏大目标。

第四节　共同外交与安全政策法律体系

一、共同外交与安全政策法律体系的特点

总体来说，欧盟共同外交与安全政策法律体系的发展历程呈现如下三个特点：

第一，共同外交与安全政策的法律体系是在一系列临时性安排与政策的基础上不断发展和完善的。1970—1981 年，共同外交与安全政策的原则主要表现为由成员国代表所签署的政治合作的三个报告。① 这三个报告形成了共同外交与安全政策法律体系的雏形，这些报告使成员国之间的咨询与政治合作得以加强，程序也更为规范。这种方式的政治合作，虽然没有法律上的效力，并且主要是政府间层面上的，却使成员国之间达成了政治合作共识，为《单一欧洲法令》的出台奠定了基础。此后的《马斯特里赫特条约》、《阿姆斯特丹条约》和《尼斯条约》都明确了共同外交与安全政策是欧盟的第二大支柱，并为成员国设定了相应的法律义务。因此，从早期的非正式性安排与报告，到后来的松散的原则和规定，直到现在《里斯本条约》体系下建立在条约基础上的包含实体、程序规范的法律体系，欧盟共同外交与安全政策的法律体系是一个开放的、不断发展、不断完善、不断充实与突破的法律体系。

第二，欧盟共同外交与安全政策法律体系从本质上说是自成一类的法律体系。欧盟框架下的外交与安全政策，既不同于成员国国内的外交政策，也不同于任何其他的国际机制。例如，欧盟各成员国在南斯拉夫宣布独立之后，形成了有关承认新独立的国家的程序上的共同方法。国家承认，这个原本是国际公法的概念和行为，被欧盟成员国以在欧盟共同外交与安全政策的框架下以专门的机制进

---

① 这三个报告分别是 1970 年的《卢森堡报告》、1973 年的《哥本哈根报告》和 1981 年的《伦敦报告》。这三个报告构成了欧洲政治合作的雏形，并被引入到 1981 年的《单一欧洲法令》之中。

行。当然,在2008年2月18日,科索沃宣布独立时,欧盟委员会却宣布,欧盟成员国应根据本国的实践,依照国际法来确定与科索沃的关系。这种做法虽然被认为是欧盟共同外交与安全政策的倒退,但从另一个侧面反映了面对复杂的国际挑战和国际形势时,欧盟有时不得不临时做出妥协,从而严重危害了欧盟共同外交与安全政策的效力与地位,欧盟共同外交与安全政策的发展要经历长期的过程。

第三,欧盟共同外交与安全政策法律体系重视程序性事项的规定。全体一致原则在欧盟共同外交与安全政策中扮演着至关重要的角色。与此同时,这种全体一致的决策机制长期以来一直是批判的焦点,它被认为严重限制了欧盟在国际舞台上发挥作用,也被认为是欧盟共同外交与安全政策有效发展的障碍。这种矛盾的局面长期以来一直存在,形成了欧盟共同外交与安全政策的独特的程序规定———系列限制和保护全体一致原则的程序规定。

欧盟共同外交与安全政策之所以具备这样的特征,与欧盟成员国的政治立场密不可分。欧盟成员国对欧盟政治一体化进程中的不同立场和态度是欧盟共同外交政策表现出上述特点的重要内因。在欧盟一体化进程中,不同的国家有不同的主张和要求。法国在"二战"后可谓是欧洲一体化的重要推动因素,它主张自己对欧洲的领导权,这种领导的方式也从原来的"超国家主义"转向"政府间主义"。德国在欧洲一体化中的立场主要是追求国际社会的认可、追求在欧洲的合法性与平等性地位和追求经济实力的提高。相应地,由于德国的联邦制政体,德国在政治一体化中的立场主要是主张建立联邦制的欧洲政治联盟。英国在"二战"前曾经是欧洲乃至世界舞台上十分活跃的重要主体,"二战"后,英国在美国和苏联这两大超级权力的影响下,一直力求维护其在世界舞台的地位,而对欧洲的统一或一体化不是特别关注,为了维护国家主权,英国在欧洲一体化进程中一直强调经济一体化而回避政治一体化。比利时、荷兰、卢森堡一直是欧洲一体化进程的领头军,这三个国家尤其荷兰是推动欧洲一体化的超国家性的最主要的提倡者。但是由于法国和英国的反对,欧洲政治一体化进程中超国家性的发展一直不顺利。

地中海一些国家如意大利、希腊、西班牙和葡萄牙，以及其他一些边缘国家，如丹麦、冰岛、瑞典、芬兰和奥地利等国家则是欧洲一体化进程中的非主流国家，这些国家的观点摇摆不定，其加入欧共体乃至欧盟的根本动力仅仅是为了分享经济上的利益。以丹麦为例，丹麦对欧共体或欧盟的态度总是在对经济利益损失的忧虑和对政治自主性损失的恐惧之间徘徊。欧洲国家的文化、政治、经济等具有多样性，不同的国家有不同的立场和观点，决定了欧洲政治一体化发展的曲折和艰难。这种立场、目标和价值追求上的不同，也使欧盟各成员国在欧盟对外政策的转化上有不同的国内程序。

二、共同外交与安全政策法律体系的基本框架

《里斯本条约》对共同外交与安全政策现存法律体系的发展主要体现在三个方面，这也构成了共同外交与安全政策法律体系的基本框架，即对连贯性的追求、对安全与防卫领域的发展和对灵活性的重视增强。

（一）对连贯性的追求

连贯(coherence)首先是一种理念，其范围和本质很难界定。不同学者对此有不同的观点，有学者认为"连贯"是指机构或政治意义上的一致①，有学者认为它具有欧盟宪政的意义②，还有学者认为它为处理欧盟成员国与欧盟机构之间，以及欧盟机构相互之间的关系提供原则和标准，包括首要性原则、合作义务以及保护共同体法原则等。

连贯在欧盟宪法、欧盟法律价值和原则中的含义不同，在欧盟条约不同文本中也使用不同的措辞。例如在英语版本中，使用"consistency"一词，在法语、意大利语和德语版本中使用"coherence"一词。就字面意义而言，coherence 比 consistency 具有

① See Gauttier, P., *Horizontal Coherence and the External Competences of the European Union*, *European Law Journal*, Vol. 10, 2004, p. 24.

② Tietje, C., *The Concept of Coherence in the TEU and the CFSP*, *European Foreign Affairs Review*, Vol. 2, p. 211.

更广和更灵活的含义：coherence 指程度，是一个动态的过程，而 consistency 强调一种静态的描述，强调法律规则一致或不一致的状态。因此，consistency 包括在 coherence 中。① 为了区分 consistency 与 coherence 的不同含义，本书将 consistency 译为"一致性"，而将 coherence 译为"连贯性"，前者强调静态的状况，后者强调动态的变化与联系。从法律角度看，coherence 与 consistency 具有不同的侧重点，前者强调确保欧盟对外行动不同元素之间的协调一致，后者强调不同对外政策之间不能出现冲突和矛盾之处。实现 consistency 是确保对外政策 coherence 的前提条件。欧盟法律体系下的连贯性具有如下特征：

首先，连贯具有多层次性。最初级的连贯性即一致性，强调避免规则和价值理念之间的冲突以及发生冲突时的解决方法。例如，共同体法的首要性原则即指共同体法优先于成员国的国内法；又如，欧盟创始法（包括创始条约和一般法律原则）优于欧盟机构的次位法。第二层次的连贯性是指行为体职能和机制的有效分工，以避免职能和机制的重复和空白。限定原则（rule of delimitation）要求欧盟应在条约赋予其权能的范围内行使权力，欧盟机构也要在授权范围内活动。欧盟机构决策程序中职能的分配是欧盟条约对平衡机构间职能的表现。优先性原则（doctrine of pre-emption）强调成员国在欧盟已经行使对外权能的领域，不能行使侵犯欧盟共同规则的对外活动。最高层次的连贯性强调理念、行为体和机制之间的协调：合作与补充原则（principle of cooperation and complementarity）就是这一层次连贯性的体现。在《欧洲联盟条约》（Lisbon）第 3 条中就要求欧盟对外行动时保持各个方面的连贯性，合作原则不仅适用于成员国，也适用于欧盟机构。

其次，连贯可以分为不同的种类。连贯可以分为纵向连贯（vertical coherence）和横向连贯（horizental coherence）。纵向连贯是

---

① See Marise Cremona, *Coherence through Law: What Difference Will the Treaty of Lisbon Make?*, *Hamburg Review of Social Science*, Vol. 3, 2008, pp. 11-36.

指欧盟与成员国在行动上的关系，特别是欧盟与成员国在同一政策领域、同一事项上同时有权采取行动时的关系。例如，在共同外交与安全政策领域，欧盟的权能不具有优先性；在欧盟与成员国共享权能的领域，欧盟的权能也不具有完全的优先性。处理好纵向连贯的重要原则主要包括三个方面：坚持共同体法的首要性（primacy of community law）、限定原则（delimitation）和合作原则（principle of cooperation）。在共享权能的领域，保持连贯性的重要原则是从属性（subsidiarity）和相称性原则（proportionality）。此外《里斯本条约》还规定了忠诚原则（loyalty obligation）与合作义务（duty of cooperation）。这些原则不仅要求成员国积极主动贯彻欧盟政策，还要求成员国的国内政策和行动不得影响欧盟政策和目标的实现。欧盟法院明确将成员国的合作义务界定为实现欧盟职能和确保欧盟对外关系连贯性和一致性的表现。①

在《里斯本条约》下，纵向连贯主要体现在三个方面：第一，取消了欧盟法的首要性原则的明确规定。因为在欧盟法院的判例法中，已经明确体现了欧盟依照条约所制定的法律优于成员国的国内法。但是欧盟法院的判例法并没有明确共同外交与安全政策领域的规则是否具有优先性，或在多大程度上优于成员国的国内法。忠诚原则用于欧盟所有法律体系②，包括共同外交与安全政策领域。第二，强调欧盟权能的授权性原则。这一原则在《里斯本条约》的多个条款中有所体现。③ 总之，条约在连贯性原则的基础上，更简明地界定了欧盟对外权能的范围。第三，对外关系权力有向成员国回归的倾向，没有授权的范围属于成员国的权力范围。④ 13 号声明和 14 号声明也明确规定共同外交与安全政策领域的权能不能影响成员国在该领域的权力。共同外交与安全政策由高级代表和成员国

---

① Case C-266/03 *Commission v. Luxembourg*［2005］ECR I-04805，para. 58-60.

② Article 4(3)，Treaty on European Union(Lisbon).

③ Article 1，4(1)，5，Treaty on European Union(Lisbon)；Article 7，Treaty on the Functioning of the European Union；Declaration 18 and 24.

④ Article 4，Treaty on European Union(Lisbon)and Declaration 18.

共同贯彻和执行，这是纵向连贯的重要表现。可见在纵向连贯中，《里斯本条约》在赋予欧盟更多权能的同时，更强调欧盟权能的范围、成员国的权能和成员国在贯彻欧盟对外政策中的作用。虽然欧盟对外政策得以简化，但欧盟的对外政策仍在很大程度上取决于欧盟与成员国相互协调。

横向连贯是指欧盟不同政策间、机构间以及支柱间的连贯与协调。例如，欧盟签订的国际条约应优于欧盟机构制定的次位法，对欧盟机构和成员国有效（但共同外交与安全政策领域签订的国际条约除外）。虽然欧盟签订的国际条约与欧共体的创始法之间的关系如何没有定论，但欧盟委员会有义务确保欧盟在共同商业政策领域签订的国际条约与欧盟政策和规则相符。[1] 在欧共体政策内部，横向连贯还要求政策与机构分工要实现协调、互补、平衡和统一，而不是政策的等级制。在《里斯本条约》框架下，统一规定欧盟对外政策的目标[2]，并强调欧盟应确保不同领域的对外政策以及欧盟不同政策之间的一致性（consistency），《欧洲联盟运行条约》规定欧盟在本着欧盟的所有目标和遵循授权原则的前提下，应该确保其政策和行动的一致性（consistency），上述规定都有利于促进欧盟对外政策的横向连贯。[3]

值得一提的还有欧盟机构之间的连贯性。这种连贯性既包括横向连贯也包括纵向连贯。尤其是欧盟理事会和欧盟委员会之间在欧盟对外政策上应确保连贯性。由于欧盟法院在共同外交与安全政策中缺乏司法管辖权，欧盟理事会有义务在执行该政策时确保忠诚原则在纵向连贯性中得到贯彻；欧盟委员会不仅要确保在欧盟法律体系下各种政策之间的协调一致，也有义务确保欧盟发展政策与成员国政策之间保持纵向连贯以及欧盟理事会与欧盟委员会之间保证贸

---

① 例如在 Case T-315/01 *Kadi v. Council and Commission* [2005] ECR II-3649 中，普通法院认为联合国安理会的规则不仅对欧共体有拘束力而且优于欧共体的创始法。

② Article 21, Treaty on European Union(Lisbon).

③ Article 7, Treaty on the Functioning of the European Union.

易政策的横向连贯。

《里斯本条约》在促进机构连贯性上的三个重要表现在于：其一，赋予欧洲理事会有权发展所有对外政策的能力，通过其结论、没有拘束力的策略文件和有拘束力的决议的方式①，保证对外行动的统一；其二，高级代表职位的设立，身兼数职，有利于促进机构之间的协调；其三，对外行动署的设置，辅助高级代表发挥职能。但是这种连贯性也存在矛盾之处，如高级代表身兼数职，如何协调与欧洲理事会常任主席在对外代表上的权力仍不明确。《里斯本条约》下存在很多行为体：欧盟委员会官员、一般事务委员会、对外行动署、欧洲理事会常任主席、欧盟委员会主席、欧盟外交与安全政策高级代表等，各行为体之间实现协调实属困难。《里斯本条约》的重要目标就是增强欧盟对外政策的有效性和欧盟在国际上的主体资格。确保对外政策连贯性是上述两个目标得以实现的重要前提。连贯性曾是欧盟对外政策发挥的重要挑战。原因之一在于欧盟在不同的对外政策领域采用不同的组织架构和体系。欧盟在不同的政策领域具有不同的主体资格，以及欧盟层面的共同外交与安全政策和成员国国内层面的对外行为的差异构成了欧盟对外政策不一致的重要障碍。

在共同外交与安全政策领域，欧盟有关连贯性的探索主要体现在三个方面：实体规范连贯性、程序规范连贯性和管理机制连贯性。实体规范连贯性要求欧盟不同机构制定的规范彼此之间不能互相冲突，确保欧盟对外政策的一致性。欧盟的对外关系包括很多方面，既有共同体框架下的对外经济关系，也有共同外交与安全政策体系中的对外关系。不同的对外关系之间既有交叉又有区别。为了使不同的对外关系能够在同一价值和宗旨的指导下，遵循共同的目标，欧盟采取了一系列措施，如共同宣言、声明等方式，以保证欧盟对外政策的实体规范的连贯性。例如，在 2003 年 11 月，欧盟各成员国宣布了《欧洲发展共同宣言》，该宣言规划了欧盟和各成员国的发展政策，并强调冲突和不安全因素是影响欧盟实现新千年目

①　Article 22, Treaty on European Union(Lisbon).

标最重要的两大障碍。

程序规范上的连贯性主要体现在共同外交与安全政策和欧共体政策之间关系与地位的协调上。由于共同外交与安全政策和欧共体的对外政策之间从属于不同的宪法机制，欧盟法院通过不同的案例，并且通过对成员国法院的判例法进行指引的方式确保欧盟规则在规范上的连贯性。①

管理机制上的连贯性主要是指欧盟机构之间在共同外交与安全政策具体行动或安排上保持连贯。例如，欧盟委员会在 2006 年向欧盟理事会和共同外交与安全政策高级代表发表的倡议表明欧盟各机构之间应该相互协调，保持机构之间的沟通与交流，并促进机构与成员国之间的交流。②

（二）安全与防卫领域的发展

自 2003 年起到《里斯本条约》生效前，欧盟在共同安全与防卫政策机制下共采取 6 次军事行动，3 次军事和民事联合行动与 14 次民事行动。③《里斯本条约》对欧盟共同安全与防卫政策做出较大的修改，例如：将欧洲安全与防务政策更名为欧盟共同安全与防卫政策，是欧盟共同外交与安全政策的一部分；欧盟依照《联合国宪章》的原则，在欧盟外使用民事和军事资源采取维和、危机制止、加强国际安全等行动；成员国应使用其民事和军事资源执行欧盟共同安全与防卫政策，以实现欧盟理事会所界定的目标；欧盟在这一领域采取的行动主要包括联合裁军行动、人道主义救援任务、军事建议与援助行动、冲突阻止和维和行动、在危机管理行动中打击武装的任务，包括建立和平和反冲突稳定；条约对欧盟危机管理行动的范围作了澄清：除在《彼得堡任务》中罗列的内容外，还增加了裁军行动、军事建议和协助、危机阻止和反冲突稳定等；④ 欧

① See Case C-176/03, Case C-440/05, Case T-49/04, Case T-315/01, Case C-91/05.

② See COM(2006)278 Final(Brussels, 8 June 2006).

③ See Jean-Claude Piris, *The Lisbon Treaty — A Legal and Political Analysis*, Cambridge University Press, 2010, pp. 269-273.

④ Article 42(1), 43(1), Treaty on European Union(Lisbon).

盟理事会有可能委托部分成员国执行共同安全与防卫行动，这是《里斯本条约》的一个重要创新；条约中规定的"长期结构性合作"被称为是"防卫领域的申根协议"或"防卫欧元区"。有意愿的成员国可以通知欧盟理事会和高级代表，在通知 3 个月后，经咨询高级代表，欧盟理事会通过有效多数表决机制可以采取长期结构性合作。这一程序很简单，与强化合作机制的程序要求全体一致的表决需要至少九个成员国参加形成鲜明对比。① 对于参与、参与的中止，只需要通知欧盟理事会，经有效多数表决通过即可。② 关于共同安全与防卫政策的执行机构，条约创立了欧洲防卫署（European Defense Agency）。欧盟理事会通过有效多数表决建立了欧洲防卫署。事实上，欧洲防卫署早在 2004 年 6 月已建立，《里斯本条约》允许欧盟理事会通过有效多数方式修改其规则和执行规范。关于军事行动的经费，《欧洲联盟条约》（Lisbon）第 41 条第 3 款规定通过有效多数表决机制，欧盟理事会对军事行动设立启动基金，基金由成员国捐助。

　　虽然，《里斯本条约》对共同安全与防卫政策做出较大的发展，但从政治和机制角度考虑，欧盟共同安全与防卫政策的发展仍受两个重要因素的制约：欧盟与北约的关系和对危机管理行动是否应该有独立的权力。2009 年法国在军事结构上回归北约，美国也表示承认欧盟防卫应该更强大和有力，有利于改善上述两个问题。③

　　因此，共同安全与防卫政策具有完全的政府间性质。其特征如下：（1）全体一致同意是唯一的表决程序；④ （2）其范围包括《彼得堡任务》中的维和任务、人道主义和求助任务，以及联合裁军行动、军事建议、协助任务、危机阻止和反冲突稳定等；⑤ （3）高级

---

① Article 20(2), Treaty on European Union(Lisbon)；Article 329(2), 331(2), Treaty on the Functioning of European Union.

② See Article 41-46, Treaty on European Union(Lisbon).

③ See Jean-Claude Piris, *The Lisbon Treaty — A Legal and Political Analysis*, Cambridge University Press, 2010, p. 279.

④ Article 31(4), Treaty on European Union(Lisbon).

⑤ Article 43(1), Treaty on European Union(Lisbon).

代表经欧盟理事会授权，在和政治与安全委员会保持密切联系的基础上，负责上述任务的民事和军事方面的协调；① （4）引入共同防卫条款和稳固条款；② （5）在欧盟共同安全与防卫领域的最大的创新主要体现在对于有意愿在该领域强化合作的成员国提供一系列必要的措施，如欧洲理事会可以委托有能力且有意愿的一部分成员国执行《彼得堡任务》③，欧洲防卫署对所有有意加入的成员国开放并成立联合行动小组④，允许军事能力更强并愿意履行更多义务的成员国建立"结构性合作"⑤，经欧盟理事会全体一致授权，成员国可以在该领域强化合作⑥。

（三）重视灵活性

《里斯本条约》重视在共同外交与安全政策领域尤其是共同安全与防卫领域的灵活性的运用。主要体现在两个方面：首先，扩大了"强化合作"（enhanced cooperation）机制在共同外交与安全政策领域的适用；其次，在共同安全与防卫领域引入"长期结构性合作"（permanent structured cooperation）机制，允许欧盟理事会授权一部分成员国执行共同安全与防卫政策的动议，在条约法上为欧洲防卫署提供法律基础等。⑦

《欧洲联盟运行条约》第20条专门规定通过强化合作（enhanced cooperation）的方式来促进欧盟共同外交与安全政策的实现。所谓强化合作是指成员国之间在特定领域内和特定事项上建立比现行欧盟一体化水平更高或更强的合作关系。

《里斯本条约》有关成员国之间"强化合作"的规定主要包括如下几个方面的内容：（1）就强化合作的目的而言，其目的是进一步

① Article 43(2), Treaty on European Union(Lisbon).
② Article 42(7), Treaty on European Union(Lisbon).
③ Article 44, Treaty on European Union(Lisbon).
④ Article 42(3), Treaty on European Union(Lisbon).
⑤ Article 42(6), 46, Treaty on European Union(Lisbon).
⑥ Article 329(2), 331(2), Treaty on the Functioning of the European Union.
⑦ Article 42-46, Treaty on European Union(Lisbon).

实现欧盟的各项宗旨、保护其利益并加强一体化进程。(2)就强化合作的适用条件和成员国数量而言,条约规定强化合作只是最后的手段,并对有关的条件作了更为明确的限制,如现行的强化合作只能在"欧盟作为整体"和"合理阶段内"不能实现其宗旨的情况下进行。就成员国的数量而言,《里斯本条约》规定应由"至少9个成员国参加"。(3)在强化合作的运作方面,《里斯本条约》就专属权能以外的领域和共同外交与安全政策领域分别规定了两套不同程序。在共同外交与安全政策领域,意欲建立强化合作的成员国应向理事会直接提出请求,同时应呈送高级代表,后者应就拟议的强化合作动议是否与欧盟共同外交与安全政策相一致发表意见。此动议也需要呈送欧盟委员会,委员会尤其对于有关强化合作动议是否与欧盟其他政策相一致发表意见。同时,有关成员国还需要把动议送达欧洲议会。最后,由理事会以全体一致同意的方式做出授权决定。(4)在强化合作的决策方式上,《里斯本条约》对有效多数方式做出了具体的界定。一般情况下,这种多数应至少包括代表参与此类合作的成员国理事会成员的55%,并同时至少占这些国家人口的65%,即"双重特定多数"原则,这是一个双门槛,同时满足上述两个条件才可以适用"强化合作"。"阻止少数"的含义是指阻止此类合作授权的少数必须包括在理事会中的成员的最低数,同时至少代表参与此类合作成员国超过35%的人口,并另加一个理事会成员,否则,特定多数应被视为达到。在特殊情况下(即如果强化合作的动议并非出自欧盟委员会或高级代表),理事会授权所需要的特定多数应被界定为至少是代表参与此类合作之成员国的理事会成员的72%,并至少占这些国家65%的人口。(5)在成员国加入正在进行的合作方面,《里斯本条约》就专属权能以外领域和欧盟共同外交与安全政策分别规定了不同的程序。在欧盟共同外交与安全政策领域,任何打算加入的成员国应将其意图分别通知欧盟理事会、高级代表和欧盟委员会。然后,欧盟理事会与高级代表协商后负责确认有关成员国的参与;如有必要,欧盟理事会应告知有关成员国的参与条件已经达到。对于已经在强化合作框架中通过的文件的适用,欧盟理事会可以在高级代表建议的基础上采取必要的过渡措施。如果理事会认为有关成员国的参与条件还不符合，它应做出达到这些条件的安排，并确立重新审查参与请求的期限。理事会对于正在进行的欧盟共同外交与安全政策领域的强化合作的参与事项，均应以全体一致同意方式做出决策。(6)在强化合作的决策效力上，《里斯本条约》规定"应只约束参与的成员国"，"不应作为既定成果的构成部分而必须由加入本联盟的候选国接受"。《里斯本条约》中有关强化合作的规定体现在第10条以及第280D条中。前者对强化合作进行了原则性的规定，如强化合作的目的、强化合作必须遵守的原则以及强化合作的启动程序等。上述规定与《尼斯条约》的相关规定基本一致。后者则详细规定了不同领域内强化合作程序的启动，例如欧盟成员国欲在共同外交与安全政策领域内启动强化合作程序，需向欧盟理事会提出申请，同时申请还应该提交给高级代表和委员会。高级代表就强化合作的建议是否与联盟共同外交与安全政策一致提出意见，委员会应该就强化合作的建议是否与联盟其他政策一致提出意见，同时还应该告之欧洲议会，对是否批准强化合作由理事会按一致同意方式表决。《尼斯条约》第27C条规定寻求强化合作的成员国应向理事会正式提出要求，该要求被转至委员会和议会以便使其知悉。委员会就强化合作的倡议是否与联盟政策一致提出建议，最终，理事会对是否可以启动强化合作程序以有效多数表决。强化合作程序仅限于联合行动和共同立场的执行，不能运用于具有军事和防务意义的领域。

对比《里斯本条约》和《尼斯条约》的规定，可以看出两者最大的不同是，虽然《里斯本条约》没有就共同外交与安全政策领域内强化合作的范围进行限定，但将《尼斯条约》中启动强化合作程序的表决机制由有效多数表决更改为全体一致同意。事实上，《里斯本条约》对强化合作程序的运用并没有扩大，成员国强化合作程序的启动应该是更加困难了。此外，《里斯本条约》对启动强化合作的成员国最低数目要求也相应提高了。《尼斯条约》规定是不少于8国，《里斯本条约》则要求参与强化合作的成员国的数目最低不少于9个成员国，即目前成员国的1/3。《尼斯条约》第27B条规定，强化合作不得运用于具有军事和防务意义的领域。《里斯本条约》

有关强化合作的条款中没有对此做出限制，同时在欧洲安全和防务政策领域内引进了长期结构性合作（permanent structured cooperation）的概念。《欧洲联盟条约》（Lisbon）第31条详细规定了启动和实施长期结构性合作的程序。首先是希望参与长期结构性合作的成员国，在满足相关标准和实现了长期结构性合作议定书中所规定的承诺之后，向部长理事会和高级代表表明意图；3个月后理事会应该通过决议建立结构性合作，决定参与国的名单。理事会在与联盟高级代表磋商之后，以有效多数表决方式通过决议。条约同时规定了长期性结构合作的开放性：任何成员国，在某个阶段希望参与长期结构性合作，应该向理事会和高级代表表明意图。理事会应该通过决议确认满足标准和实现承诺的该国参与长期结构性合作。理事会应在与高级代表磋商之后，以有效多数表决机制通过决议。理事会中只有已经参与长期结构性合作的成员国代表才能参与表决。通过引进长期结构性合作的概念，欧盟安全与防卫政策领域内的合作将具有更大的灵活性。长期结构性合作为那些军事能力达到较高标准、考虑到最为紧迫的使命、彼此在安全与防卫领域内做出更具拘束力承诺的成员国，提供了在联盟框架内进行更为密切的合作形式。该机制使那些可能在联盟之外出现的"意愿联盟"在联盟框架内合作，它所带来的"政治附加值"是共赢的。合作联盟在联盟内增加自身分量的同时，也提高了联盟的行动能力。

三、共同外交与安全政策在欧盟法中的地位

（一）共同外交与安全政策的宪政意义

从传统意义上说，宪法与宪政原本是国内法的概念，与主权国家的建构相伴而生。20世纪末，随着全球化思潮的不断深入，国际法领域也出现了国际宪政主义思潮。根据国际宪政主义的观点，国际组织的创立条约构成了一个国际组织的"宪法"，它界定该组织所创立的法律体系的范围和内容。同时，成员国的法律体系又完全独立于国际组织。两个法律体系之间依赖一般国际法来调整，即在国际组织内部，通过"全体一致同意"的规则来调整。因此，构成国际组织的成员国具有双重属性：成员国既是国际组织的缔约

方，也是国际组织的对立面；成员国既在国际法律体系内具有独立于国际组织的地位，又与国际组织之间彼此承担一定的义务。这种国际组织不再是成员国之间的议事机构或场所，它们具有自己的身份和权能，能独立表达组织的意愿而不是成员国的集体意愿。

欧盟，作为一个国际组织，既关涉成员国的国家利益，也关涉成员国公民和有关实体的利益。成员国将国家主权部分权能转移给欧盟，同时赋予欧盟一些新的权能（专属的、共享的或互补的），并且这些权能在成员国法律体系内具有直接适用的效力。成员国的宪法与构成欧盟的条约，虽然表面上差异很大，但在本质上是统一和连贯的，两者在不同层面分配权能和公共权力。从这个意义上说，欧盟的一体化过程不是欧盟基础条约发展成国际组织的过程，而是欧盟作为法律共同体的宪政化动态发展过程。

欧盟基础条约以及成员国国内宪法构成了欧盟多层宪法体系。欧盟宪法，是指以将欧盟组建成为一种新的社会共同体为目标的根本价值与规则体系，包括形式意义上的欧盟宪法和实质意义上的欧盟宪法两个层面。从实质意义上看，欧盟宪法存在于欧盟的整个形成与发展过程之中，欧盟形成和发展历程中的一系列基础性条约构成实质意义上的欧盟宪法动态生成的一部分。这不仅是因为这些宪法性条约都具有道德上的约束力，也因为它们的内容所具有的特点使之成为可实施的法律，建立了一种实际上的法律秩序，而不同于传统的国际法。依照这一理念，不能将欧盟某一政策体系简单归结为"超国家性"或"政府间"，它们是欧盟权能通过不同层次的决策程序进行分配的结果。

从欧共体到欧盟，欧洲经济一体化不断成熟，而政治一体化却明显滞后。这种治理结构上的缺陷不仅根源于欧盟成员国之间的不对称关系，即经济联系紧密，而政治联系却相对松弛，还根源于欧盟政治决策不够民主与透明。进入 21 世纪，欧盟先后两次扩张，成员国由最初的 8 国发展到现在的 27 国，欧盟既要迎接扩张所带来的历史挑战，使所有成员国能够凝聚到一起，又不损害欧盟基本的行动能力和民主性，需要进行宪政制度改革。在对外政策领域，欧盟宪政改革要求欧盟在全球活动范围内建立起全面的欧盟权力机制，包括赋予欧盟独立的国际法律人格、具有对外政策领域的行动能力与权能、具有民主且有效的决策程序、具有统一的执行机制等，只有这样才能使对外行动能力得到加强，才能捍卫欧洲的历史遗产和现实成就。在这一背景下，2001 年，欧盟成员国在布鲁塞尔峰会中发表《莱肯宣言》，并成立欧盟制宪委员会，旨在为欧盟进一步一体化提供制度保证。2004 年，经过反复地妥协与创新，各成员国通过了《欧盟宪法条约》，条约赋予欧盟国际法律人格，取消欧盟三大支柱的划分，明确欧盟职能，设立欧洲理事会常任主席和欧盟外长，明确规定欧盟公民的基本权利并将《欧盟基本权利宪章》并入《欧盟宪法条约》之中。《欧盟宪法条约》还规定了很多象征性条款，如欧盟的盟旗、盟徽和盟歌，等等。然而，由于《欧盟宪法条约》的"超国家因素"过强，在荷兰和法国的公投中未被通过，欧盟宪政改革陷入危机。为解决欧盟制宪危机，成员国于 2007 年召开政府间会议，讨论起草一个修改现行诸条约的"改革条约"，取代《欧盟宪法条约》，以增强扩大后的欧盟在民主、效率和对外政策中一致性等问题。此后，欧盟成员国在里斯本就"改革条约"的文本达成一致，这个"改革条约"就是《里斯本条约》。《里斯本条约》删除了"外长"、"盟旗"、"盟歌"、"盟徽"等具有联邦象征的敏感措辞，但基本上保留了《欧盟宪法条约》的核心内容。在共同外交与安全政策领域，《里斯本条约》从欧盟法律地位、权能、法律机制、决策与执行机制、组织机构、司法监督、预算与开支等诸多方面做出改革。上述改革不仅完善了欧盟共同外交与安全政策制度本身，也具有重要的宪政意义，对增强欧盟对外行动的有效性、一致性和透明性发挥了重要作用。在《里斯本条约》框架下，共同外交与安全政策由原本的完全具有政府间主义的特点，即遵循同意和国际法原则，向受法治原则和条约法调整的双重属性过渡。[1] 具体表现如下：

---

[1]　Peter Van Suwege, *EU External Action after the Collapse of the Pillar Structure: in Search of a New Balance between Delimitation and Consistency*, *Common Market Law Review*, Vol. 47, pp. 987-1019.

第一,《里斯本条约》将共同外交与安全政策并入欧盟对外政策的范畴。《欧洲联盟条约》(Lisbon)第 3 条规定,《欧洲联盟条约》与《欧洲联盟运行条约》具有平等的法律地位;《欧洲联盟条约》(Lisbon)第 40 条规定共同外交与安全政策与欧盟其他对外政策具有平等的法律地位,受平等保护,并且欧盟法院对此有管辖权;《欧洲联盟条约》(Lisbon)第 23 条统一规定欧盟对外政策的原则和目标,没有将共同外交与安全政策单独列出。

第二,欧盟法院的有限管辖权也不应被忽视。尽管欧盟法院在该领域没有完的直接的司法管辖权,但较之《里斯本条约》前欧盟法院在该领域的权限已经有很大进步,《欧洲联盟条约》(Lisbon)第 40 条为将来欧盟法院在该领域界定欧盟共同外交与安全政策的法律地位提供了机遇。此外,出于法治原则的考虑和对人权的尊重,欧盟法院还有权对欧盟共同外交与安全政策领域执行的对自然人和法人的制裁具有管辖权。

第三,就表决程序而言,与原来的共同外交与安全政策领域只适用全体一致同意的表决程序相对比,《里斯本条约》扩大了有效多数表决机制在该领域的适用。除了在执行欧盟理事会决议时可以适用有效多数表决外,《里斯本条约》还扩大了其适用范围,即依照《欧洲联盟条约》(Lisbon)第 31 条第 1 款的规定,经欧洲理事会要求,在高级代表的提议下,共同外交与安全政策的决议可以适用有效多数表决机制。高级代表参与表决程序,在成员国与欧盟对外政策之间起到有效的协调作用。如果高级代表无法实现协调的目的,则欧盟理事会可以经有效多数表决通过后将该事项再次提交欧洲理事会通过全体一致表决程序表决。全体一致和有效多数表决程序之间的相互作用可以通过一个过渡条款得到加强。即欧洲理事会可以经全体一致表决程序通过将共同外交与安全政策某一事项的表决经由有效多数方式解决(但具有军事和防卫内容的共同外交与安全政策除外)。

第四,《里斯本条约》扩大了强化合作机制在共同外交与安全政策领域的适用。在《尼斯条约》下,强化合作程序只适用于不含有军事和防卫内容的共同外交与安全政策联合行动或共同立场的执行过程。在《里斯本条约》下，强化合作程序同时将强化合作的适用范围扩大到所有的共同外交与安全政策行动中去。有意加入强化合作机制的成员国需要向欧盟理事会提交请求。高级代表对此将会就共同外交与安全政策一致性问题发表意见，欧盟委员会也会对欧盟其他对外政策发表意见。① 欧洲议会对此请求有知悉权。欧盟理事会以全体一致同意的方式决定强化合作的措施。共同外交与安全政策领域的强化合作机制与其他政策领域的强化合作机制存在不同：在其他政策领域，欧盟理事会在欧盟委员会的提议下，经欧洲议会同意，授权启动强化合作机制。值得注意的还有根据《欧洲联盟运行条约》第 333 条的规定，强化合作机制下还有一个程序上的"修正条款"(Passerelle Clause)②，即规定在共同外交与安全政策领域必须经全体一致同意才能启动强化合作机制的情况下，参与的成员国之间可以经全体一致同意以决定是否通过有效多数表决来行动。这种机制为原本十分僵硬的共同外交与安全政策注入了很大的灵活性。

此外，《里斯本条约》还在共同安全与防卫领域引入了灵活性很强的"长期结构性合作"以及欧盟理事会授权一部分成员国执行共同安全与防卫政策的动议，并为已经存在的欧洲防卫署提供了明确的法律基础。③

(二)共同外交与安全政策的宪政困境

鉴于上述变化和趋势，欧盟共同外交与安全政策已经从原来的纯粹政府间性质的受国际法调整的体系转变为欧盟法律体系不可分

---

① Article 329-333, Treaty on the Functioning of European Union.

② Passerelle Clause 是《欧洲联盟条约》中规定的允许欧洲理事会经全体一致同意的方式，在经欧洲议会许可的情况下，决定欧盟理事会需要由全体一致同意方式表决的事项改由有效多数表决方式决定。《里斯本条约》前的此类条款主要用于警察与司法合作、移民与难民、社会政策和环境领域。《里斯本条约》后新增的条款主要用于共同外交与安全政策领域、预算领域和除防卫政策外的所有其他领域。该条款的适用条件是所有欧洲理事会的此项决定只能在通知所有成员国议会 6 个月以后并没有提出异议的情况下做出。

③ Article 42-46, Treaty on European Union(Lisbon).

割的组成部分。但是这种转变还不够彻底且没有结束，因而使欧盟共同外交与安全政策陷入新一轮宪政改革的困境，具体表现在：

第一，欧盟权能划分上的改革不够彻底。共同外交与安全政策领域的权能性质不清楚。为解决这一困难，有学者主张将共同外交与安全政策界定为"一般法"，只在特别法没有明确规定时才予以适用。但是由于欧盟对外权能在特定领域（如商业政策、发展政策、与第三国经济财政和科技合作、人道主义援助等）界定十分宽泛，导致欧盟共同外交与安全政策的范围成为了欧盟对外权能相当有限的兜底部分。一个可能的解决方法是仔细分析欧盟对外行动机制的特殊性。如共同外交与安全政策领域行动机制没有立法上的效力，仅仅是非立法性的规则、方针和决议，不具有反复适用的性质，也排除司法管辖。因此区分的标准可以是分析立法行动是否需要，而不是分析不同政策目的之间的平衡和重合。"没有立法效力"（non-legislative）与"没有法律拘束力"（non-legal，non-biding）具有不同的含义。虽然共同外交与安全政策领域的行动没有立法效力，不能反复适用，不具有溯及力和普适力，但是共同外交与安全政策领域的行动仍具有"法律拘束力"。

第二，表决程序的改革不够彻底。在共同外交与安全政策领域，"全体一致同意"仍是主要原则，《里斯本条约》虽扩大了有效多数表决机制的适用范围，表面上增强了表决程序上的"超国家性"，但实践中操作起来却更为苛刻。如高级代表若要提交一项需有效多数表决的动议，必须将此动议提交给欧洲理事会而无法直接提交给欧盟理事会。并且，当欧盟机制的效率和成员国维护主权在投票问题上存在矛盾时，协商机制、有效多数表决和紧急制动机制方面的条款比别的条款更具有模糊性。有效多数表决机制在适用形式上扩大了，实质上受政府间主义的影响反而更重，在表决程序上的效力鲜有突破。

第三，法律机制的法律效力较弱。共同外交与安全政策领域的法律机制主要是欧盟的指导方针、决定和系统合作，欧盟在该领域没有立法权。这些法律机制不像欧盟的规则（regulation）那样具有直接的法律效力，也不像欧盟的指令（directive）那样间接地统一成员国的立法，而是从实际出发，通过提供一系列程序性和行政性决议的方式，来引导成员国在对外政策中采取共同的目标，做出协调性的反应并分配权能。因此，共同外交与安全政策领域的法律机制的目的在于赋予行政上的决议（executive decisions）以法律拘束力，从而实现共同外交与安全政策的特有功能。欧洲理事会和欧盟理事会在共同外交与安全政策领域的决议不是欧盟的立法行为，其法律效力也远远低于欧盟制定的规则或指令，但这些决议在其一定时间内对有关成员国具有法律拘束力（legally binding）。

第四，职能分配的改革不彻底。《里斯本条约》对高级代表、欧洲理事会主席以及欧盟委员会主席的职能划分并不清楚，也没有明确界定对外代表欧盟的是高级代表还是欧洲理事会主席。为促进欧盟对外政策一致性而设立的新职位之间本身存在权限不清、职能不明等问题，他们彼此之间是否能协调工作取决于欧盟内部各机构之间的协调，这也为欧盟对外政策的不一致埋下了巨大隐患。在实践中，职能分配不清也造成了巨大困惑，如奥巴马在参加欧盟—美国峰会时，不知道应该会见哪位欧盟领导人。类似地，在欧盟代表团参加 G20 峰会时，欧洲理事会主席范龙佩（Van Rompuy）和欧盟委员会主席巴罗佐（Barroso）却根据讨论的不同性质参与不同的会议，当两者出现重合时，往往具体问题具体分析来决定代表欧盟的人。

第五，在国际条约的谈判与缔结程序上也存在不同的规定：在共同外交与安全政策领域，提议权由高级代表享有，而在其他对外政策领域，欧盟委员会享有提议权；在国际条约的谈判上，共同外交与安全政策的谈判权由高级代表享有，其他对外政策领域，欧盟委员会有权组织谈判；在共同外交与安全政策领域，欧洲议会没有缔结国际条约的权利，只能在投票的程序上选择同意。

第六，欧盟法院对共同外交与安全政策的司法审查权不够完善。欧盟法院在该领域有限的司法审查权限表明各成员国对于让渡国家主权都十分谨慎，共同外交与安全政策实现更有效的民主监督与法治仍旧是一个漫长的过程。从政治的角度看，《里斯本条约》重新组织欧盟对外权能有利于欧盟对外政策的连贯性；但从法律角度看，新条约的条款并没有解决复杂的共同外交与安全政策以及欧盟其他对外政策之间的划分，反而增加了机构间潜在的冲突。根据2007年政府间会议的附加声明，"欧盟条约以及欧盟在条约基础上采用的法律就成员国法律而言具有优先性（primacy）"。鉴于法律体系的统一性、欧盟法律的统一解释要求在共同外交与安全政策领域同样适用首要性原则。欧盟依照同一个目标和原则，建立一个单一的机构体系，欧盟享有和行使独立的权能，依照《欧洲联盟条约》（Lisbon）第24条的规定，成员国应该积极且毫无保留地本着忠诚和共同稳固原则在欧盟对外和安全领域遵从欧盟的行动，同时避免做任何影响欧盟利益或减损欧盟对外关系有效连贯性的行为。《欧洲联盟条约》（Lisbon）第28条规定成员国应在其采取的立场和执行的行动中贯彻共同外交与安全政策领域的决议。可见，在共同外交与安全政策领域，成员国的国家主权受到了限制。但是由于欧盟法院在该领域缺乏管辖权，共同外交与安全政策在成员国法院或裁判机构的统一解释就存在问题。

总之，《里斯本条约》从法律属性上明确赋予了欧盟以独立的国际法律人格；从体系上废除了原有条约三大支柱的分类，统一规定欧盟对外政策的宗旨和目标；从机构设置上增设了欧洲理事会主席、欧盟外交与安全政策高级代表和欧盟对外行动署。这些举措对于增强欧盟对外政策的一致性和强化欧盟对外行动能力，完善和发展欧盟共同外交与安全政策法律机制都产生了重要影响。但《里斯本条约》并没有为欧盟一体化画上圆满的句号，它只是《欧盟宪法条约》搁浅时所采取的一个过渡且无奈的举措。欧盟共同外交与安全政策在欧盟的对外政策中仍是薄弱的环节。其理由在于虽然欧洲一体化的原本目的是政治性的，但是其手段却是经济性的，并且手段逐渐侵蚀了目的。成熟联邦的典型特征是：以外交政策、国防等方面的"高政治"（high politics）为起点，之后才会延伸到基础设施建设、部门干预等"低政治"领域。美国就是遵循这一道路，但是欧盟的实践恰恰相反。欧洲经济一体化的"低政治"先行；"高政治"则随后进行。欧洲煤钢共同体即以"低政治的"部门干预为起点。随后欧洲经济共同体虽拥有更广泛的职权范围，但恰如其名，该组织仍压倒性地专注于经济领域的"低政治":农业、国家间贸易、区域援助、清除自由竞争壁垒,以及创建严密的规管框架以统一标准。两者均将"高政治"留给了各成员国。"低政治"对于当今的欧洲一体化进程已经不足够,因而才导致 2010 年希腊的主权债务危机,以及危机在葡萄牙、爱尔兰和西班牙的蔓延。此次危机在表面上表现为是经济危机,投机性泡沫是引发本次危机的近因,但泡沫本身以及监管制度和吹大泡沫的经济政策,却是深思熟虑的政治选择的产物。① 因此,虽然《里斯本条约》在增强欧盟对外行动一致性、有效性和透明性上作了很大改革,但这些改革要么是对原有体制的小修小补,要么是不够彻底的创新,"政府间"因素仍旧很多。《里斯本条约》有关共同外交与安全政策的改革在具有重要宪政意义的同时,也成为新一轮宪政改革的对象。

(三)共同外交与安全政策和其他对外政策之间的界定

在欧盟宪政下,《欧洲联盟条约》(Lisbon)第 40 条是界定共同外交与安全政策以及欧盟其他对外政策之间关系的法律基础。该条规定:"欧盟共同外交与安全政策的执行不能影响依照《欧洲联盟运行条约》第 3~6 条的规定所赋予欧盟机构为行使欧盟的权能而具有的权力和程序上的适用。类似地,上述条约有关政策的执行也不能影响条约所赋予的欧盟机构在共同外交与安全政策领域行使欧盟权能所具有的权力和程序上的适用。"《欧洲联盟条约》(Lisbon)第 1 条规定《欧洲联盟条约》(Lisbon)和《欧洲联盟运行条约》具有同样的法律性质,在欧盟对外行动中具有平等的地位。因此,《欧洲联盟条约》(Lisbon)第 40 条的规定有如下两个影响:首先,在原来条约体系下,倾向于欧盟共同体领域权能的假定不再有效,两种权能具有平等地位;其次,欧盟法院原来适用的目的与内容的传统分析方法不能有效地区分欧盟共同外交与安全政策和其他政策。根据《欧洲联盟条约》(Lisbon)第 21 条和第 23 条的规定,对外政策具有统一的目的,因此,"重力中心方法"(center of gravity)也不再有

---

① David Marquand,杨涛斌、蒋文豪(译):《欧盟:没有政治的政治共同体》,载《文化纵横》2012 年第 5 期。

效。但至少在订立国际条约时，这种方法仍旧是重要的。

为解决上述困难，有学者主张将共同外交与安全政策界定为"一般法"，只在特别法没有明确规定时才予以适用。但由于欧盟对外权能在特定领域（如商业政策、发展政策、与第三国经济财政和科技合作、人道主义援助等）界定十分宽泛，导致欧盟共同外交与安全政策的范围成为了欧盟对外权能的相当有限的兜底部分。一个可能的解决方法是仔细分析欧盟对外行动机制的特殊性。例如，共同外交与安全政策领域的行动机制没有立法上的效力，仅仅是非立法性的规则、方针和决议，不具有反复适用的性质，也排除司法管辖。因此区分的标准可以是分析立法行动是否需要，而不是分析不同政策目的之间的平衡和重合。"没有立法效力"（non-legislative）与"没有法律拘束力"（non-legal，non-binding）具有不同的含义。虽然共同外交与安全政策领域的行动没有立法效力，不能反复适用，不具有溯及力和普适力，但是共同外交与安全政策领域的行动仍具有"法律拘束力"。在实践中，明确界定《欧洲联盟运行条约》第 75 条有关自由、安全与司法领域（Area of Freedom，Security and Justice，AFSJ）的制裁的执行和《欧洲联盟运行条约》第 215 条关于执行欧盟共同外交与安全政策决议而采取制裁措施的规定是界定欧盟对外政策领域采取制裁措施（smart sanctions）的重要表现。

《马斯特里赫特条约》创立欧洲联盟，使参与欧洲政治合作的欧共体缔约方（participating parties）转变为欧盟成员国（member states）。自此，在对外关系领域，欧洲范围内就存在一个与成员国国内法律体系不同的法律体系，这就是欧盟的法律体系。欧盟对外与第三方展开对外关系，成员国由原来的合同法律关系转变为一个组织，并以该组织的名义与第三国发生法律关系。这种转变有如下四种表现：其一，原本的合同上的合意转变为成员国在组织内部通过集体决议的方式做出决策；其二，该组织被赋予法律人格，能够表达独立的意愿；其三，原本的成员国之间多边的合同关系被组织内部成员国之间的一系列关系以及成员国与该组织之间的关系所取代，成员国有权在组织内通过一般会议进行表决；其四，该组织具有法律行为能力、权能并且能为自己的行为承担法律责任。在这种转变的基础上，欧盟法律随着欧盟历次宪政改革而不断完善。

从宪政角度看，欧盟共同外交与安全政策是欧盟法律体系的重要组成部分，是欧盟在对外政策领域发挥行政权力的表现。事实上，欧洲议会在共同外交与安全政策决策中的有限权力和欧盟法院缺乏全面的管辖权等是对外政策的合理表现。对外政策本身的政治属性、决策过程中保密性和灵活性的潜在重要性都要求在这一领域行政权力居于主导地位。在司法领域，欧盟法院缺乏管辖权也不是欧盟特有的现象。然而，欧盟法院在共同外交与安全政策领域缺乏管辖权，从宪政角度看似合理，却与法治原则背道而驰。因为在一个完善的宪政体制下，法官应该有权力和能力去发展一套自我约束的审判政策。欧盟法院在共同外交与安全政策领域有限的司法管辖权的重要表现就是在对欧盟对外政策特殊性予以尊重的同时，最大化实现法治原则和对个人的尊重。从这个意义上说，尽管《里斯本条约》有关共同外交与安全政策的规定并没有解决欧洲一体化的许多根本性问题，但它基本上实现了《莱肯宣言》的目标，为欧盟在可以预见的将来提供了稳定的宪政保障，是欧盟及其成员国在现存宪政体系下所能做出的最大努力，也必将促进欧洲一体化向更广、更深的层次发展。

总之，欧盟的对外政策不是欧盟的独唱，而是由各个成员国组成的"合唱团"：它有时表现为同一个声部的"齐唱"，有时表现为不同声部的"合唱"，甚至有时表现为某一个个体的"独唱"。不论怎样，在这个合唱团中，使不同声音达到和谐并唱出最完美的"音乐"是一项艰巨的任务，其中难免会出现不协调的音符。但是欧盟自《单一欧洲法令》产生以来，其作为"合唱团"的作用不断增强，虽然有时难免出现不和谐的音符，但毕竟"合唱团"仍旧保留其本来的特色，队伍不断壮大，并一直在努力尝试着演奏出尽可能完美的"和声"。

第三章 共同外交与安全政策的
制定与执行

第一节 共同外交与安全政策的制定

一、共同外交与安全政策法律机制

在《里斯本条约》之前，欧盟主要通过如下方式来实现共同外交与安全政策的目标：共同外交与安全政策的原则和一般方针、共同策略、联合行动、共同立场和成员国在执行政策中的系统合作。从狭义上说，共同策略、联合行动和共同立场是共同外交与安全政策的法律机制。下面予以分别讨论。

（一）共同策略

首先，共同策略（common strategies）是《阿姆斯特丹条约》中首次采用的。它是由欧盟理事会向欧洲理事会提议，并由欧洲理事会经全体一致程序制定的，确保欧盟就成员国具有重要共同利益领域的行动得以执行的一系列方案，通常规定欧盟与第三国发展关系的目标、手段、行动计划和持续时间。一个共同策略往往包含如下内容：目标、有效期以及欧盟和成员国将采取的必要行动。欧盟理事会有权向欧洲理事会提出制定共同策略的建议，并有权通过采取共同立场和联合行动的方式执行共同策略。共同策略的一个重要特点在于所有执行共同策略的决议，不论是共同立场还是联合行动，抑或其他决议，都由欧盟理事会通过有效多数表决的方式采取。其最初的目的在于为经全体一致程序确定的共同策略提供一个有效的执行机制，从而缓和"政府间主义"和"超国家主义"在该领域的分歧。2000 年以前，欧盟先后在前苏联、乌克兰以及地中海地区采取过共同策略。但随后，欧盟理事会在实践中逐渐放弃采用共同策略，其理由在于共同策略过于抽象，它仅仅是对共同外交与安全政策其他机制的描述，不具备具体的操作性，对成员国而言，实践中成员国往往回避执行通过有效多数表决方式做出的有关决议，因此，自 2000 年以来，欧盟理事会没有采取过任何共同策略。

（二）联合行动

联合行动（joint actions）是指因某一特殊情况而采取的执行行动，其内容主要包括：目标、范围、欧盟将采取的手段、有效期、执行行动的必要条件等。欧盟理事会对联合行动的目标和原则进行审查。联合行动一旦被制定，成员国就有义务将它付诸实践，并不得采取与该行动相抵触的任何行动。即使制定共同行动的情势发生变化，成员国也只有等到理事会做出新的决定后，才可以免受该联合行动的约束。情势不变原则在很多国家国内法中都有规定，也是国际法的重要原则之一。《维也纳条约法公约》第 62 条对该原则有明确规定。但情势变更原则不适用于联合行动。也就是说，即使成员国国内的情势发生根本性变化或执行联合行动遇到切实困难，成员国也不能据此拒绝履行联合行动所规定的义务，而是需要及时通知欧盟理事会或咨询欧盟理事会，以探讨最佳解决方案，但该解决方案不能与联合行动的目标或其效果相违背。此外，联合行动还要求成员国在其对外政策中不能采取与联合行动相违背的立场和行动。① 就联合行动的内容而言，它通常表现为选举监督下的民主程序等，上述行动往往不会对成员国内的公民产生直接的法律权利和义务，但是它附加成员国采取某些法律行动的义务，欧洲防卫署、欧盟卫星中心（European Union Satellite Center）和欧洲安全与防卫学院（European Security and Defence College）的成立都是联合行动具有

---

① See Ramses. A. Wessel, *The European Union's Foreign and Security Policy — A Legal Institutional Perspective*, The Hague: Kluwer Law International, 1999, pp. 155-157.

准法律效力的实例。①

　　(三)共同立场

　　《马斯特里赫特条约》规定，凡"理事会认为必要之时，它应该确定共同立场"。共同立场是构筑欧盟共同外交与安全政策的根本要素。② 共同立场(common positions)是指欧盟对性质上具有主要和地理意义的方面进行界定的行为。欧盟的共同立场就其内容来看，可以分成三大类：第一类是对第三国实施制裁的决定，第二类是对第三国政策的决定，第三类是确定欧盟对特定国际问题的政策的决定。成员国有义务在国内政策中遵守共同外交与安全政策所采取的共同立场，同时有义务在国际组织或国际会议中坚持和遵守共同立场。在有的国际组织中，并非所有的欧盟成员国均为其成员国，在此种情况下，作为该组织成员国的国家有义务在该组织中坚持欧盟的共同立场。在实践中，为了促进共同目标的达成，共同立场常常包含具体的行动，需要具体的措施加以支持，从而成为欧盟较为有力的政策工具。但是共同立场与联合行动作为两种政策手段，两者是有区别的。欧盟在2007年采取的支持"执行欧盟禁止大规模杀伤性武器扩散"策略的联合行动和2007年就"禁止发展、生产、储备和使用化学武器及其破坏公约"而采取的共同立场③，就明确说明了两者的区别：联合行动包括为采取行动而做出的财政上的支持，涉及的更多是利用欧盟资源在第三国开展的操作性行动；共同立场强调采取共同立场的目标，主要涉及各个成员国需要在国内采取的管制行动，是对法律或者法规的调整，如改变与第三国的经济和财政关系，实行武器禁运等。可见，在实践中，联合行动主要强调行动，而共同立场很少涉及具体的行动，有关开支、行动派出、机构或组织的建立等通常不会通过共同立场的方式解决。尽管如此，联

----

　　① Coucil Joint Action 2004/551/CFSP, Coucil Joint Action 2001/554/CFSP, and Coucil Joint Action 2001/555/CFSP.

　　② 罗志刚、严双伍主编：《欧洲一体化进程中的政治建设——国家关系的新构建》，人民出版社2009年版，第159页。

　　③ [2007]OJ L85/10 and[2007]OJ L176/39.

合行动和共同立场在法律属性上是相同的，他们对成员国都具有法律拘束力，且都尊重民主和法治。

（四）其他特有机制

除上述三种法律机制外，欧盟还有权以决议（decisions）的方式采取其他一些特有法律机制，如共同声明、执行联合行动或立场的决议、轮值主席国的总结性报告、政治对话等。这些特有机制的法律效力，条约中没有明确规定。通常认为，共同声明是欧盟对第三国或者国际问题的立场、要求和期待，不具备法律拘束力，仅仅是一种政策方向而不包含具体的行动，往往要求后续的共同立场和共同行动对其加以落实。发表声明的主要用意是表达欧盟的看法，对特定事态发展进行谴责和赞赏。一旦某项声明得到发表，即意味着该声明的目标得到实现，是欧洲政治合作中使用较为频繁的政策手段。① 政治对话是成员国作为一个整体与第三方（包括国家、地区以及国际组织等）之间开展的机制化的外交接触方式，包括首脑级对话、外长级对话、政治司长级对话和高官或专家级对话。政治对话的法律效力不太明确，但它既满足了成员国通过与第三方建立高层对话寻求集体身份的需求，也回应了第三方希望与欧盟建立政治联系的愿望，因而成为欧盟与其他国家或地区进行沟通的良好方式并成为欧盟共同外交与安全政策领域的重要政策手段。② 决议的法律效力也不太明确，但由于欧盟理事会有关共同外交与安全政策的决议往往刊登在具有法律意义的官方刊物中，由此可以推断欧盟理事会赋予其一定的法律拘束力。欧盟安全与防卫政策领域也是通过一系列特有的法律机制发展起来的，即轮值主席国的总结性报告。这些报告通常是运用外交语言，具有规范性特点，它与政策立场类似，具有很强的时效性，往往依照"后法优于前法的原则"来解决规范之间的冲突。欧盟条约中没有对上述总结性报告的法律性质做

① 罗志刚、严双伍主编：《欧洲一体化进程中的政治建设——国家关系的新构建》，人民出版社 2009 年版，第 167 页。
② 罗志刚、严双伍主编：《欧洲一体化进程中的政治建设——国家关系的新构建》，人民出版社 2009 年版，第 168 页。

出规定，但根据国际法善意原则（good faith）和禁止反言原则（estoppel），单边声明在特定情况下，对发表声明的国际法主体具有法律拘束力。

（五）系统性合作

系统性合作（systemic cooperation）理念最早可以追溯到欧洲政治合作时期，当时欧洲政治合作的参与国一致同意"在具有共同利益的对外政策领域要彼此通知与相互咨询"。系统性合作因此可以被理解为是欧洲政治合作（1970—1993）的核心所在。在共同外交与安全政策领域，系统性合作也是一个不可或缺的理念，没有这个理念，欧盟就没有办法界定和执行其对外与安全政策。系统性合作的具体内容包括成员国的相互通知与咨询、忠诚义务、合作义务三个方面。成员国之间的系统性合作应该在欧盟理事会内进行。欧盟理事会也有义务强化成员国之间的系统性合作。当成员国之间的共同利益没有达到需要通过欧盟以决议形式规定和执行的程度时，成员国可以在欧盟理事会的规范下通过系统性合作的方式解决。从这个意义上说，系统性合作是欧盟共同外交与安全政策法律机制的重要补充。

根据《莱肯宣言》的简化性宗旨，《欧洲联盟条约》（Lisbon）第25条和《欧洲联盟运行条约》第288条将上述三个法律机制统一于"欧盟决议"之下，规定为实现共同外交与安全政策的目标，欧盟有权采取如下三种方式：界定一般规则；以决议的方式界定欧盟将采取的行动或立场，以及界定为执行上述行动或立场所做出的安排；强化成员国在执行共同外交与安全政策中的系统合作。同时《欧洲联盟条约》（Lisbon）第24条第1款和第31条第1款明确排除欧盟在共同外交与安全政策领域采取立法行为的权力。欧洲议会只能对执行外交与安全政策的有关决议做出的安排行使监督权。

在实践中，欧盟的上述法律机制仍然存在，只是经《里斯本条约》在字面上统一于"欧盟决议"之下，这种简化是否真的起到了简化的作用，从而符合《莱肯宣言》的宗旨，还是带来了更大的疑惑？

有待于实践的检验。①

可见，在共同外交与安全政策领域，没有哪一个条约版本下的法律机制能够像欧盟的"规则"那样具有直接的法律效力，或像欧盟的"指令"那样间接地统一成员国的立法，而是从实际出发，通过提供一系列程序性和行政性决议的方式，来引导成员国在对外政策中采取共同的目标，做出协调性的反应并分配权能。② 但是不能否认一些联合行动确实对要求成员国的国内立法做出适当调整，有些也对个人产生实体性后果。因此，共同外交与安全政策领域的法律机制的目的在于赋予行政上的决议以法律拘束力，从而实现共同外交与安全政策的特有功能。

二、制定机构

欧盟共同外交与安全政策的重要目的在于确保欧盟作为一个独立的法律主体，在国际舞台上能够采取和执行其独立的对外政策。这一目的实现的重要途径就是确定欧盟不同机构在执行对外行动时的法律权能和地位。这些确立不同行为体法律权能和地位的特殊条款在国际组织法中被称为"法律基础"。③ 这些法律基础是欧盟在对外政策领域做出某一决议的实体与程序法律渊源所在。与欧盟共同外交与安全政策领域有紧密联系的欧盟机构主要包括欧洲理事会、欧盟理事会、欧盟委员会、欧洲议会等。下面分别介绍上述机构在共同外交与安全政策中的权能和地位。

---

① M. Cremona, *The Draft Constitution Treaty: External Realtions and External Action*, *CML Rev.*, Vol. 40, 2004, p. 1357; P. Eeckhoutm, *External Relations of EU: Legal and Consititional Foundations*, 2004, p. 142.

② M. Koskenniemi, *International Law Aspects of the Common Foreign and Security Policy*, in M. Koskenniemi ed., *International Aspects of the European Union*, 1998, p. 32.

③ See Ramses A. Wessel, *The European Union's Foreign and Security Policy — A Legal Institutional Perspective*, The Hague: Kluwer Law International, 1999, pp. 71-88.

（一）欧洲理事会

1. 欧洲理事会的历史发展

欧洲理事会（Council of Europe）在《马斯特里赫特条约》之前主要是"国家或政府首脑会议"或"高峰会议"，它是一种政治论坛，其功能是在最高的政治层面解决理事会不能达成协议的任何事项，并寻求共同的对外政策。因此，欧洲理事会是欧盟的最高决策机构，也是负责欧盟共同外交与安全政策的最高机构。《单一欧洲法令》第2条正式从法律上确定其地位，但《单一欧洲法令》并没有规定欧洲理事会是欧盟的一个组织机构，也没有明确其权能。《马斯特里赫特条约》生效后，欧洲理事会被赋予一种新的职责，即在经济政策、共同外交与安全政策领域为理事会提供指导，以保证欧盟的发展。在共同外交与安全政策领域，欧洲理事会主要负责确定欧盟的总纲领和指导方针，形成成员国在外交政策上的共同立场，从而为欧盟理事会制定决议提供指导。可见，欧洲理事会在共同外交与安全政策领域的权能是间接的，它必须通过欧盟理事会的决议才能发挥作用。

2.《里斯本条约》对欧洲理事会的规定与新发展

《里斯本条约》明确确立欧洲理事会是欧盟的职能机构，对其权能和组成也都做出了明确规定，具体体现在如下几个方面：

首先，欧洲理事会由欧盟成员国国家主席或政府首脑、欧洲理事会主席和欧盟委员会主席组成。高级代表不是欧洲理事会的成员，但有权参与欧洲理事会的日常活动。欧洲理事会每年在布鲁塞尔举行四次会议。其秘书处由欧盟理事会总秘书处的成员组成。

其次，欧洲理事会的职能主要包括如下方面：有权界定欧盟共同外交与安全政策的策略利益和目标；有权任命欧洲理事会主席、欧盟委员会委员及其主席、高级代表、欧洲中央银行的执行会成员等重要职位；在紧急程序中（如社会安全、刑事事项、警察合作、欧洲检察官职位的设立等）起中间人的作用；欧洲理事会虽然不具有立法功能，但对欧洲议会的组成、欧盟理事会的构成等事项具有决定权，同时有权界定欧盟委员会成员的数量，因此，欧洲理事会具有准宪法性功能；欧洲理事会在条约修改程序中也具有重要作用。

再次，欧洲理事会的表决程序主要包括全体一致同意、有效多数和简单多数三种方式。欧洲理事会主席由选举产生，任职两年半，可以连任一届。其目的是增强欧洲理事会工作的连贯性和有效性。欧洲理事会主席的职责主要是主持欧洲理事会的会议、主持日常工作和对外代表欧盟。①

综合上述规定，可以发现《里斯本条约》扩大了欧洲理事会的权力。这种扩大主要体现在如下几个方面：

第一，将欧洲理事会纳入欧盟机构的框架内，同时赋予其在欧盟对外政策领域的最高决策权，从而使欧盟共同外交与安全政策及其他欧盟对外政策统一于同一个决策机构之下，增强了欧盟对外政策的一致性。欧洲理事会有权以决议的方式界定欧盟的策略利益和目标，是欧盟在共同外交与安全政策领域的最高决策机关。在安全与防卫政策领域，欧洲理事会不仅有权界定一般纲领和原则，而且有权参与制定一个具体的政策体系。

第二，欧洲理事会在欧盟理事会的建议下，经全体一致程序，以决议方式制定欧盟对外政策的策略利益和目标。依《欧洲联盟条约》(Lisbon)第22条和第26条的规定，欧洲理事会应制定欧盟在对外政策领域的策略利益和目标，负责执行共同外交与安全政策的高级代表和负责其他对外政策领域的欧盟委员会可以向欧盟理事会联合提交提议。

第三，为了便于实现其功能，《里斯本条约》增设了欧洲理事会常任主席一职。常任主席由有效多数表决程序选举产生，任期两年半，可以连任一届。在共同外交与安全政策事项上确保欧盟对外代表的一致性。常任主席与高级代表的区别在于，常任主席通常在国际会议中在政府首脑层面代表欧盟，而高级代表通常在部长级会

---

① See Herve Bribosia, *The Main Institutional Innovations of the Lisbon Treaty*, in Stefan Griller and Jacques Ziller eds., *The Lisbon Treaty EU Constitutionalism without a Constitution Treaty?*, Springer Wien New York, 2008, pp. 64-67.

议层面代表欧盟。

（二）欧盟理事会

1. 欧盟理事会及其权能

欧洲联盟理事会，简称欧盟理事会（Council of the European Union）或理事会，是由各成员国的部长级代表组成的欧盟机构。欧盟理事会既是欧盟主要和最终的决策与立法机构，又是每一个成员国在欧盟中代表本国利益的集中场所。在共同外交与安全政策领域，欧盟理事会是主要决策机构。

在《里斯本条约》框架下，欧盟理事会的"中心地位"进一步巩固。其在共同外交与安全政策的权能主要包括如下几个方面：首先，欧盟理事会是共同外交与安全政策的主要决策机构。依照《欧洲联盟条约》（Lisbon）第 26 条第 2 款的规定，欧盟理事会应该建构欧盟的共同外交与安全政策并采取必要决议以界定和执行欧洲理事会所确立的指导方针和策略纲领。其次，理事会和欧盟外交与安全政策高级代表应确保欧盟对外行动的一致性、统一性和有效性。再次，欧盟理事会主席根据其自身的动议或应某一成员国或欧盟委员会的请求主持召开理事会会议，以全体一致或有效多数表决的方式做出决议。当国际形势要求欧盟采取某一操作性行动时，欧盟理事会应该采取必要决议。这些决议应包括行动的目标、范围、所采取的手段，在必要情况下还应规定行动的时效和执行的条件。在执行上述决议的情势发生实质性改变时，欧盟理事会应重新审查决议的目标和原则并采取必要决议。成员国应在依照欧盟理事会的决议采取国内行动或立场之前，及时通知欧盟理事会。当执行决议存在某些困难时，有关的成员国应就这些困难向欧盟理事会咨询，详细讨论并寻求必要的解决途径。但解决途径的采取不应有损决议的目标或其有效性。此外，欧盟理事会有权界定欧盟在某一具有地理或重要意义的特殊事项上所应采取的方法。① 最后，在欧盟共同外交与安全政策的执行上，任何成员国、高级代表或欧盟委员会支持的部长，有权就共同外交与安全政策向欧盟理事会咨询并提交提案或提

---

① See Article 28, 29, 30, Treaty on European Union(Lisbon).

议。欧盟理事会在高级代表的提议下，有权在特殊政策领域任命特别代表，特别代表在其职权范围内接受高级代表的领导。欧盟理事会有权在共同外交与安全政策领域代表欧盟制定国际条约，组织和参与条约谈判并最终签署条约。

2. 欧盟理事会的主要职能部门

欧盟理事会的具体工作由常设代表委员会(the Committee of Permanent Representatives of the Member States)、秘书处(the General Secretariat)、主席团(the Presidency)、政策规划和早期预警小组，以及一系列工作组(Working Groups)协助开展。

常设代表委员会负责欧盟理事会工作的筹备。它由成员国的国内代表组成，但却是欧盟机构的重要组成部分，其中的政治委员会(Political Committee)监督国际形势的发展变化，就共同外交领域的问题向欧盟理事会提交自己的立场和观点，在不损害主席团和欧盟委员会权能的前提下监督有关政策的执行。因此，政治委员会的职能包括两个方面：决策职能(外交行动和共同外交与安全政策的执行措施)以及咨询职能。在欧盟委员会就欧盟对外行动做出决议之前，政治委员会向欧盟理事会提供必要的政治分析和观点，决定哪些事项应提交到部长级会议上讨论。政治委员会向欧盟理事会提交的观点不涉及法律、财政和机构权限等内容，仅涉及政治内容。常设代表委员会有权就政治内容做出修改并附加一些建议和评论。

秘书处是根据《马斯特里赫特条约》设立的，欧洲政治合作的秘书处并入欧盟理事会秘书处，向欧盟理事会的轮值主席提供支持和协助，包括在程序性事项上提供建议、会议记录和报告以及欧盟理事会文本的翻译和传送等。

政策规划和早期预警小组的任务主要包括监督和分析欧盟共同外交与安全政策将来需要重视的领域；对以后可能对欧盟外交与安全政策产生重要影响的事态或情势，包括潜在的政治危机提供定期的评价和早期预警；应理事会要求或出自本身的动议，拟出一些有争议的政策选择报告，这些报告可由理事会主席负责对理事会的政策制定形成影响，包括对共同外交与安全政策的分析、推荐意见和战略。①

专家组和工作组也对欧盟共同外交与安全政策的决策起到一定的作用。工作组的主要职能在于对共同外交与安全政策的执行提前做一些准备工作或研究，其讨论结果向政治委员会报告。

总之，欧盟理事会是欧盟共同外交与安全政策的核心决策机构。在欧洲理事会确定的基本指导方针的基础上，做出制定和实施共同外交与安全政策所必要的决定，它将负责确立共同立场、采取共同行动和向欧洲理事会推荐共同战略等，并以共同行动和共同立场来执行。理事会应在必要时任命处理特定政策问题的特别代表。在欧盟共同外交与安全政策下，理事会应该以全体一致同意方式通过决议，在某些特定情势下，可以特定多数同意方式决议。

（三）欧洲议会

欧洲议会（European Parliament）作为欧盟的"超国家"机构，是世界上唯一通过直选产生的跨国议会。与一般意义上的议会相比，欧洲议会创设之初拥有的职能较少，其主要职能包括参与立法权、部分预算决定权、通过行使"共同决定权"影响欧盟理事会和欧盟委员会的决策、以三分之二多数弹劾欧盟委员会等。随着欧盟的不断扩大，欧洲议会的权力也在逐步扩大。自1986年2月《欧洲单一文件》签署后，欧洲议会加强了对内部立法的影响；1992年《马斯特里赫特条约》生效后，欧洲议会拥有了对欧盟委员会的监督权；1997年签署的《阿姆斯特丹条约》再次加强了欧洲议会在共同决策领域的地位；2007年签署的《里斯本条约》，进一步完善了欧洲议会的职能和权力。尽管如此，欧洲议会在欧盟共同外交与安全政策中的作用仍旧十分有限。

1. 欧洲议会权力概述

（1）立法权。

《欧洲经济共同体条约》没有赋予欧洲议会任何立法权，只是将其职权限定为协商和政治监督。欧共体的立法权由欧盟理事会和

---

① 罗志刚、严双伍主编：《欧洲一体化进程中的政治建设——国家关系的新构建》，人民出版社2009年版，第158页。

欧洲委员会享有。这一机制使人们质疑欧共体的民主合法性，欧洲议会因此一直致力于加强其监督、立法和预算等方面。几十年来，欧洲议会的职权虽然与国内议会机构无法相提并论，但其权力确实呈现不断扩大的趋势。① 1970 年和 1975 年的《预算条约》，使欧洲议会获得了在欧共体预算中的实质性权力；1987 年生效的《单一欧洲法令》增加了欧盟理事会必须与欧洲议会协商（consultation procedure）的机制，还设置了"合作程序"（cooperation procedure），赋予了欧洲议会在立法过程中的二读权力。在这一机制下，如果欧洲议会反对有关立法议案，欧盟理事会只能在全体一致同意的决策方式下才可以通过该法案；1992 年生效的《马斯特里赫特条约》中，欧洲议会的立法权通过"共同决定"程序（co-decision procedure）得以进一步发展，即在共同市场建设方面，绝大多数的立法必须由欧盟理事会和欧洲议会共同制定。欧洲议会立法权的扩大，意味着欧盟理事会立法权的缩小，欧盟的立法权的中心由以欧盟理事会为重心转向由欧洲议会和欧盟理事会共同享有，由成员国政府的"合意"转向政府与民众意志共同享有。这是当今国际组织和国际决策体制最先进的代表，表明欧盟的立法程序的超国家性不断增强。《罗马条约》所规定的欧共体立法程序为：委员会提出建议，理事会征询欧洲议会意见后做出决定。1986 年签署的《欧洲单一文件》加强了欧洲议会对欧共体立法的影响。《欧洲联盟条约》（Lisbon）则规定，在大市场、科研、泛欧运输网络、消费者保护、教育、文化及卫生等领域，欧洲议会与欧盟理事会拥有"共同决策权"；在欧盟接纳新成员国和同第三国签订国际协定方面有审批权；在农产品价格方面有咨询权。在《阿姆斯特丹条约》生效后，欧洲议会的共同决策权从原来的 15 个领域扩展到 38 个领域，包括就业政策、社会政策、海关、环境保护、海洋事务等方面。2006 年 6 月欧洲议会、欧盟理事会和欧盟委员会达成了在机构程序改革方面的一个协议，即欧洲议会可以中止欧盟委员会采取的执行决定，同时规定欧盟委

---

① 曾令良：《欧洲联盟法总论——以〈欧洲宪法条约〉为新视角》，武汉大学出版社 2007 年版，第 213 页。

员会必须向欧洲议会以各种官方语言通报所采取的各项决定。新的协议使欧洲议会在《欧盟宪法》条约未生效前与欧盟理事会享有共同立法权。

（2）财政预算权。

在《马斯特里赫特条约》生效前，欧洲议会的职权主要体现在欧共体的预算上。1970年4月，欧共体成员国签署《预算条约》，适当增加欧洲议会的预算权。1975年，在欧盟委员会的动议下，成员国签署第二个《预算条约》，正式成立审计院，并进一步加强欧洲议会在预算方面的职权，欧洲议会与欧盟理事会在预算中享有共同决定权。依照《尼斯条约》第272条的规定，欧洲议会的财政预算权主要包括如下三个程序：①欧盟委员会提出初步的预算草案，递交欧盟理事会；②欧盟理事会仔细审查后制定出正式的预算草案，递交欧洲议会；③欧洲议会可以对欧盟理事会提交的预算草案做出决定：或予以批准；或予以拒绝，并要求欧盟理事会提交新的预算草案；或要求欧盟理事会修改预算草案。但是修改草案有不同的要求：对于草案中有关强制性支出，欧洲议会可以向欧盟理事会提出修改建议，但是该建议对欧盟理事会没有拘束力，欧盟理事会对强制性支出部分有最终决定权；对于非强制性支出部分，欧洲议会享有决定权，欧洲议会主席可以宣布非强制性预算获得最终通过，也可以根据欧盟理事会的建议，批准委员会执行预算。欧共体开支分两大类：一是强制性开支，包括占欧盟总预算近一半的共同农业政策开支和有关执行国际协定的开支等，这类开支的决定权属欧盟理事会；二是非强制性开支，包括结构基金、科研、环境、能源、产业政策及对第三国的发展援助等，对这部分预算，欧洲议会与欧盟理事会有共同决定权。欧盟现行的财政预算仍然分为"强制性支出"和"非强制性支出"两个部分，对于"强制性支出"部分的预算，欧洲议会没有最终决定权，只能按照条约的规定向欧盟理事会提出建议，而对于"非强制性支出"，欧洲议会则与欧盟理事会共享决定权。《里斯本条约》废除了"强制性支出"与"非强制性支出"的区分，规定欧洲议会与欧盟理事会共同决定欧盟的全部财政预算和支出，从而使得两个机构在行使预算职权时形成一种平衡。

（3）监督权。

欧洲议会有权对欧盟其他机构，尤其是欧盟理事会和欧盟委员会行使监督权。例如，欧洲议会必须在其开幕大会上讨论欧共体活动的总报告或年度立法计划；欧洲议会的一个政治团体或十分之一的议员可以提出弹劾委员会的议案。如果这一议案经出席议会议员三分之二多数获得通过，委员会必须集体辞职；欧洲议会对欧盟委员会主席和委员的任命享有干预权；欧洲议会行使接受请愿和指定欧洲调查官的权利，每一个欧盟公民，以及在成员国居住或有注册的办事处之任何自然人或法人，无论单个人或集体，均有权向欧洲议会递交书面请求或请愿；欧洲议会可以参与司法程序，有权对欧盟理事会和欧盟委员会的作为和不作为的诉讼废除的建议。①《马斯特里赫特条约》规定，新的委员会主席及其成员在任职前必须接受欧洲议会的质询。欧盟委员会每年须向欧洲议会报告工作并予公开讨论。《阿姆斯特丹条约》则进一步规定，欧盟理事会提出的欧盟委员会主席及其委员的人选必须得到欧洲议会的批准。欧洲议会可以三分之二多数（法定有效人数需过半数）弹劾委员会，迫使其集体辞职。欧盟理事会主席国须向欧洲议会定期汇报工作计划和工作总结。欧洲议会可向委员会和理事会以口头或书面形式质询，并可成立专门的调查委员会。欧洲议会通过行使"共同决定权"，监督欧盟委员会的工作，影响欧盟理事会和欧盟委员会的决策。

行政监督权是欧洲议会的传统权力，《欧洲共同体条约》第24条就规定欧洲议会有权监督、弹劾欧盟委员会并强迫其集体辞职，尽管欧洲议会至今从未行使过这一权力，但从实际意义上讲，这种权力的重要性是其存在的本身，而不是其行使与否。1993年《马斯特里赫特条约》赋予欧洲议会其他的行政权，包括整体批准欧盟委员会的任命、设立调查欧盟委员会的权力、任命欧洲监察官的权力以及要求欧洲中央银行向议会中的欧盟委员会进行报告的权力，之后《阿姆斯特丹条约》规定欧洲议会有权批准欧盟委员会主席的任

---

① Article 194, 200, 201, 214, 230 and 232, Treaty on European Union (Nice).

命。而《里斯本条约》中则规定欧盟委员会的主席是由欧洲议会依据欧盟理事会的提议而选举产生，除了人事任免方面的监督权之外，欧洲议会对欧盟其他机构行使监督权的另一个重要途径就是向欧盟委员会、欧盟理事会等机构提出质询并要求答复。

（4）质询权。

欧洲议会的质询权是指欧洲议会有权向欧盟委员会、欧盟理事会和欧洲理事会提出质询并要求答复。

对外关系权则主要表现在缔结国际协定和联系协定方面，现行条约下理事会需要与议会进行协商或者是经过欧洲议会同意才能对外缔结各种协定。《里斯本条约》生效后，除了共同外交和安全政策领域内某些协定之外，理事会都必须事先获得欧洲议会的同意方可对外缔结协定。

2.《里斯本条约》下欧洲议会在共同外交与安全政策中的权力

《里斯本条约》生效前，欧盟的对外政策既有共同体方法，又有"政府间主义"方法。共同体方法主要针对欧盟第一支柱，它强调超国家的欧盟委员会、欧盟法院和直接选举产生的欧洲议会在决策和执行中的作用；而"超国家"方法主要针对第二支柱，强调欧盟成员国在政策决策中发挥主要作用，全体一致是主要的表决程序，成员国主要通过相互间的合作以及国内对外政策与欧盟政策的协调来实现统一。《里斯本条约》的一系列条款，增强了"超国家因素"如欧洲议会的功能，例如增加了共同决定程序的范围，将共同决定程序引入普通立法程序中。[1] 扩大欧洲议会的财政预算权力，取消强制性开支和非强制性开支的分类。对所有开支一致对待，等等。[2] 但是《里斯本条约》并没有增加欧洲议会在共同外交与安全政策领域的权力。欧洲议会在该领域的权力仍仅限制在定期质询、了解执行与进展、间接控制执行、不完全的财政预算权四个方面。

（1）立法权。

《尼斯条约》第21条是唯一有关欧洲议会在共同外交与安全政

① Article 294, Treaty on the Functioning of European Union.
② Article 314, 315, Treaty on the Functioning of European Union.

策领域权力的规定。但该条并没有赋予欧洲议会在共同外交与安全事项上的立法权力，而仅赋予质询权。欧盟理事会轮值主席应在欧盟共同外交与安全政策的主要方面和基本选择上咨询欧洲议会并确保欧洲议会的观点得到平等考虑，欧盟理事会轮值主席及欧盟委员会应该定期向欧洲议会告知欧盟外交与安全政策的发展。欧洲议会也可以向欧盟理事会提出质询和建议，并召开年度论坛探讨欧盟共同外交与安全政策的执行进展。① 可见，欧洲议会在共同外交与安全政策领域没有立法权，它仅能就有关事项提出不具有拘束力的意见。

在《里斯本条约》框架下，欧盟共同外交与安全事务高级代表取代欧盟委员会和欧盟理事会主席，成为欧洲议会在该领域的新的联系人。高级代表需要定期向欧洲议会就欧盟共同外交与安全政策（以及安全与防务政策）的主要方面和基本选择而咨询，汇报共同外交与安全政策的进展，在提供意见时确保欧洲议会的观点得到考虑。而且，特殊代表也有同样的义务。② 欧洲议会有权向欧盟理事会和高级代表提出问题或建议。欧洲议会有权每年就共同外交与安全政策的发挥和执行情况召开两次辩论。

（2）财政预算权。

欧洲议会在共同外交与安全政策领域的财政预算权主要体现在《尼斯条约》第28条。该条指出，欧盟共同外交与安全政策的所有行政性开支全部在欧共体预算中支出；所有行动性的开支也基本上从欧共体预算中支出，但含有军事和安全因素或由欧盟理事会全体一致通过不由欧共体预算支出的除外。在上述例外情况下，行动性开支由成员国承担，欧洲议会对于含有军事因素的共同外交与安全政策没有预算权，仅具有知悉权。但并不是说所有含有军事和防卫目的的行动都排除欧洲议会的权力而由成员国承担，事实上，属于民事危机处理机制的欧盟行动仍属于欧共体预算的范畴，欧洲议会对此拥有财政预算权。可见，欧洲议会在共同外交与安全政策领域

---

① Article 21, Treaty on European Union(Nice).

② Article 36, Treaty on European Union(Lisbon).

的财政预算权相较于其他权力而言是最为广泛的。欧洲议会财政预算权的发展除了体现在欧盟条约中，还体现在欧盟机构间的协议中。欧洲议会、欧盟理事会和欧盟委员会三个机构自 1988 年以来共签订 4 次机构间协议，旨在加强欧盟各机构在预算上的协调和分工。在 2006 年欧洲议会、欧盟理事会和欧盟委员会共同签署的《预算原则和有效预算管理协议》中，第二部分 G 条第 42、43 点是有关欧洲议会在欧盟共同外交与安全政策领域预算权的规定。第 42 点指出，以欧盟委员会的预算草案为基础，欧洲议会、欧盟理事会和欧盟委员会每年应努力就欧盟委员会所承担的共同外交与安全政策的预算及有关事项（即欧共体所应承担的行动上预算额度以及具体分配①）达成共识。若没有达成共识，则在上一年度预算和欧盟委员会提交的预算草案中选择较低的一个。如果共同外交与安全政策的预算在一个财政年度内不足以满足所有必要开支的，欧洲议会与欧盟理事会应在欧盟委员会的提议下寻找应急方案，这一规定排除了欧盟理事会在紧急情况下未征得欧洲议会同意而独自采取措施的可能性。第 43 点指出，欧盟理事会轮值主席应通过每年组织 5 次联合咨询会议的方式使欧洲议会可以获得有关预算的信息。欧盟理事会每次采取有关共同外交与安全政策开支的决定，应在不超过 5 个工作日内向欧洲议会做出成本预算的陈述。欧盟委员会应在每个季度向欧盟理事会和欧洲议会做出欧盟共同外交与安全政策执行的财政报告和剩余季度的财政预告。可见，欧洲议会在共同外交与安全政策领域的财政预算权在欧盟条约和欧盟机构合作协议中得到不断的加强。但是，欧洲议会在军事事项上仍旧没有财政预算权，只有知悉权。在民事危机管理机制上，由于出自欧共体的预算，所以，欧洲议会在该领域的权利得到了体现。

———————

① Including crisis management operations, conflict prevention, resolution and stabilisation, monitoring and implementation of peace and security processes, non proliferation and disarmament, emergency measures, preparatory and follow-up measures, European Union Special Representatives, etc.

在《里斯本条约》框架下，在财政预算领域，欧洲议会的权利没有较大变化。具有军事和防卫因素的行动开支仍旧出自成员国而非欧盟预算。但是《里斯本条约》规定了确保欧盟预算快速启用的特别程序，即欧盟理事会在咨询欧洲议会的前提下，通过采取决定的方式，建立一个特殊的程序，就共同外交与安全政策的动议提供紧急财政开支，特别是为共同安全与防卫政策的准备活动提供必要开支。①

（3）监督权。

在共同外交与安全政策领域，欧洲议会的监督权首先表现在欧洲议会对欧盟委员会在全力配合欧盟共同外交与安全政策的监督上。这种监督主要包括正式监督和非正式监督两类。

正式监督主要体现在有权批准欧盟理事会对欧盟委员会主席的提名；有权接受或拒绝欧盟委员会或解散欧盟委员会。例如，依照《尼斯条约》第 214 条的规定，欧盟理事会通过有效多数原则进行欧盟委员会主席的提名，并将提名交给欧洲议会批准。欧盟理事会同时在有效多数原则下提名欧盟委员会的其他组成人员。欧洲议会应对欧盟委员会主席和其他组成人员所构成的整体予以批准或否决。经欧洲议会批准后，欧盟理事会才可以任命欧盟委员会主席和其他成员。依照《尼斯条约》第 201 条的规定，如果欧洲议会提出对欧盟委员会的反对动议，则欧盟委员会的成员需要全体辞职。但是，欧洲议会只对欧盟委员会全体委员（而非一个委员）享有接受、反对或解散的权力。

欧洲议会对行政权力的非正式监督在欧盟条约中并没有法律依据，这种监督主要体现在欧洲议会的非正式实践或欧洲议会的程序规则中。例如，在选举欧盟委员会的某一个委员之前，欧洲议会往往会举行听证，以了解该委员的能力。在任命欧盟共同外交与安全事务高级代表前，欧盟理事会主席和欧盟委员会主席应联合向欧洲议会做出陈述。在高级代表被任命后、实际任职前，欧洲议会主席会邀请高级代表和欧洲议会有关委员会开会，向高级代表提出有关

①　Article 41, Treaty on European Union(Lisbon).

的问题。高级代表解答后，在欧洲议会有关委员会的动议下，欧洲议会会提出建议。① 类似地，在欧盟理事会任命一个特殊代表前，欧盟理事会需要向欧洲议会做出任命该代表的陈述，介绍特殊代表的任命目的、职责等。在特殊代表被任命后、正式任职前，他需要向欧洲议会的有关委员会陈述自己的工作，并回答有关委员会提出的问题。此后，在3个月内，欧洲议会有关委员会会提出有关的建议。特殊代表在具体执行时确保欧洲议会能够定期知悉其行动的执行情况。②

可见，在监督领域，欧洲议会对共同外交与安全政策的权力并不是咨询性或决定性的。欧洲议会仅仅通过批准欧盟理事会对欧盟委员会主席的任命、接受或反对欧盟委员会组成、解散欧盟委员会、非正式地对欧盟委员会某一个委员候选人召开听证、听取欧盟共同外交与安全事务高级代表和特殊代表的陈述和解答问题等方式间接地发挥对共同外交与安全政策的监督作用。这种作用十分有限。

在监督领域，欧盟委员会主席将在欧洲理事会的提案下，由欧洲议会的成员多数表决选举产生，而不是由欧盟理事会提名并由欧洲议会通过。③ 此外，欧盟安全与对外政策高级代表的设立。高级代表由欧洲理事会和欧盟委员会主席共同任命。但是，作为欧盟委员会副主席，欧洲议会有权对欧盟委员会的组成和成员予以批准，从而间接地对高级代表的任命享有批准权。④ 欧洲理事会全职主席有权对外代表欧盟，在欧洲理事会每次会议结束后，需要向欧洲议会做出汇报。⑤ 全职的欧洲理事会常任主席，较之以往的轮值主席，更好地为欧洲议会在共同外交与安全政策领域发挥作用创造了

① Rules of Procedure of the European Parliament, 7th Parliamentary Term, July 2009, Rules 92.

② Rules of Procedure of the European Parliament, 7th Parliamentary Term, July 2009, Rules 93.

③ Article 214, Treaty on the Functioning of the European Union.

④ Article 17, Treaty on European Union(Lisbon).

⑤ Article 15, Treaty on European Union(Lisbon).

条件。

（4）质询权。

如上文所述，《尼斯条约》第21条赋予欧洲议会在共同外交与安全政策领域的质询权。该条规定欧盟理事会轮值主席应在欧盟共同外交与安全政策的主要方面和基本选择上咨询欧洲议会并确保欧洲议会的观点得到平等考虑，欧盟理事会轮值主席及欧盟委员会应该定期向欧洲议会告知欧盟外交与安全政策的发展。欧洲议会也可以向欧盟理事会提出质询和建议，并召开年度论坛探讨欧盟共同外交与安全政策的执行进展。① 此外，欧洲议会在强化合作上享有质询权并有权向欧盟理事会总秘书和共同外交与安全事务高级代表就强化合作的执行情况随时提出质询。② 但是欧洲议会的意见没有拘束力，欧洲理事会没有义务采取、接受或遵守欧洲议会的意见。依照《尼斯条约》第21条和2006年欧洲议会、欧盟理事会和欧盟委员会共同签署的《预算原则和有效预算管理协议》的规定，欧盟理事会有关共同外交与安全政策的年度报告也起到了接受欧洲议会质询的作用。此外，共同外交与安全事务高级代表、欧盟委员会对外关系委员、欧盟理事会主席等也具有在共同外交与安全事项上向欧洲议会质询的作用。

欧洲议会对外事务委员会（Committee on Foreign Affairs）是欧洲议会的一个委员会，它在欧洲议会在共同外交与安全政策或共同安全与防务政策的信息获取上发挥了很重要的作用。该委员会每年举行会议，高级代表、欧盟委员会对外关系委员以及特殊代表等参加会议，介绍欧盟共同外交与安全政策或安全防务政策的进展情况并讨论具体问题。该委员会下属的安全与防务委员会（Subcommittee on Security and Defense）有权每月通过与欧盟有关职能部门和委员会以及成员国或其他机构召开会议的方式了解共同外交与安全政策和共同安全与防务政策的进展情况，此外，该委员会还有权就共同

---

① Article 21, Treaty on European Union(Nice).

② Article 27(c), Treaty on European Union(Nice).

外交与安全政策有关事项举行公开听证和会议，从而，在加强欧洲议会与欧盟其他职能部门之间关系上发挥一定的作用。但是，这种作用是比较微弱的，它没有实际的拘束力，对欧盟共同外交与安全政策和安全与防务政策无法产生实际影响。

此外，2002 年欧洲议会和欧盟理事会共同签署的《欧洲议会在欧盟理事会安全与防卫领域敏感信息知悉权的协议》赋予欧洲议会主席、欧洲议会对外事务委员会、人权委员会和共同安全与防卫委员会主席向欧盟理事会主席、总秘书和高级代表了解欧盟安全与防卫政策进展情况的信息的权力。

总之，尽管欧洲议会在欧盟共同外交与安全政策上仍旧无法发挥实质性作用，但是欧洲议会在该领域质询权的增强，至少表明欧洲议会在不断地通过其委员会、通过欧盟理事会的年度报告或欧盟机构间协议等方式发挥着软作用，并且这种作用不断增强。

此外，附属于《里斯本条约》的《欧盟成员国国内议会作用议定书》也有利于增强欧洲议会在共同外交与安全政策领域的功能。该议定书第 9 条指出，议定书的目的在于欧洲议会与成员国议会应共同在欧盟内部，为促进有效和定期的议会间合作而交换信息、就特殊问题召开会议和对话，特别是共同外交与安全政策和共同安全与防卫政策。

但是《里斯本条约》仍没有赋予欧洲议会在该领域的决策权，《里斯本条约》中的个别新规定仅是对欧洲议会在共同外交与安全政策领域权力的小修小补，欧洲议会在该领域的权力并没有发生质的改变，即仅限制在质询权、知悉权、一定的财政预算权和监督权。欧洲议会在共同外交与安全政策的决策、发展和执行上没有实际权力。《里斯本条约》保留了欧盟共同外交与安全政策的政府间性质，欧洲议会在该领域的作用仍是边缘性的。

可见，欧洲议会是超国家性的一个机构，共同外交与安全政策兼有超国家性和政府间性质，而政府间性质占主要方面。欧洲议会在共同外交与安全政策领域没有立法权力，只有间接的监督和质询权。欧洲议会在该领域有一定的财政预算权，但是含有军事和非民事安全因素的行动则排除欧洲议会的权力。《里斯本条约》并没有为欧洲议会在该领域权力做出根本突破。欧洲议会对欧盟共同外交与安全政策的影响受成员国国家意志的制约时而加强时而弱化，只要欧盟共同外交与安全政策的政府间因素得不到改变，欧洲议会的作用就很难得到有效发挥。

三、表决方法

《里斯本条约》在共同外交与安全政策的决策和执行上做出了一些改革，但这些改革并没有从根本上改变共同外交与安全政策以及共同安全与防卫政策的政府间性质，隐性的支柱划分仍旧存在。欧盟委员会、欧洲议会和欧盟法院在该领域的权力十分有限，有的权力甚至被缩小。尽管如此，《欧洲联盟条约》(Lisbon)第17条要求成员国有义务寻求一个共同的方法以制定和执行共同外交与安全政策，并要求各成员国在第三国或国际组织中实现该共同方法。该条同时增强了成员国在维护欧盟利益上应该咨询欧洲理事会或欧盟理事会或负有维护欧盟内部稳定的义务。尽管第17条是否一个无法真正发挥作用的"纸老虎"仍不确定，但至少所有成员国都没有正式反对该条的效力或对此条款提出保留，这也为欧盟在该领域采取有效的决策程序打下了基础。

就具体的决策程序而言，《里斯本条约》在该领域的完善是十分有限的。全体一致同意仍旧是共同外交与安全政策和共同安全与防卫政策的主要决策机制。有效多数表决机制和建设性弃权只在例外情况下适用。

（一）全体一致同意的表决程序

《里斯本条约》并没有对共同外交与安全政策领域内的决策程序进行根本性变革，涉及共同外交与安全政策的决议仍然主要由欧洲理事会或欧盟理事会以一致同意的原则进行表决。在这一政策领域全体一致同意原则仍是决策的主要标准。《欧洲联盟条约》(Lisbon)第31条第1款规定了建设性弃权，与原《尼斯条约》第23条第1款相比，这是一个"双门槛"，它要求同时满足两个条件，即三分之一的有效投票和代表欧盟三分之一的人口时才可以弃权。

尽管如此,《欧洲联盟条约》(Lisbon)第17条的相关规定还是扩大了适用有效多数表决机制的范围,由于条约对有效多数表决机制的相关规定进行了根本的改变,因此条约对共同外交与安全政策的决策机制的影响主要体现在有效多数表决机制变化上,以及由此引发的建设性弃权以及强化合作程序的相应变化。

(二)有效多数表决的扩大运用

在共同外交与安全政策领域,有效多数表决机制的运用范围在如下方面得以扩大:

第一,关于战略利益和战略目标,根据《欧洲联盟条约》(Lisbon)第10B(1)条的规定,欧盟理事会就欧盟的行动和立场可以运用有效多数表决。

第二,应欧盟理事会主动提出的具体要求或高级代表本身的动议,高级代表向欧盟理事会提出建议,欧盟理事会就上述建议做出关于联盟行动或采取立场的决议时,可以运用有效多数表决。

第三,《欧洲联盟运行条约》第41条第3款为有效多数表决引入了一项启动基金的程序,即在紧急情况下,这一程序可使欧盟的财政预算迅速做出反应并投入使用。

此外,依照《欧洲联盟条约》(Lisbon)第46条第2款的规定,理事会运用有效多数表决机制决定是否建立长期结构合作机制。依照《欧洲联盟条约》(Lisbon)第31条2款的规定,若某个提案触及了成员国的重大利益,通过有效多数表决程序可启用紧急制动程序对成员国利益进行保护。若成员国仍认为这一提案涉及其切身利益,投票将被取消,高级代表将作为斡旋者,与有关成员国进行协商,寻求可接受的解决方式。如果这一努力也失败,理事会可通过有效多数表决方式决定是否将这一提案交由欧洲理事会进行仲裁或决定。欧洲理事会因此具有了最终决策机构的性质。

《里斯本条约》还保留了适用建设性弃权的可能性:成员国可通过声明的方式退出投票,从而不再对做出的决定具有履行的义务。如果涉及财政上的义务,成员国也可以得到豁免。但若弃权的成员国达到三分之一,并且人口数也达到三分之一,决定将不会被通过。

上述规定从理论上扩大了有效多数表决机制在共同外交与安全政策领域的适用范围，但实践中适用时的要求却更为苛刻。如高级代表若要提交一项需有效多数表决的动议，必须将此动议提交给欧洲理事会而无法直接提交给欧盟理事会。并且，当欧盟机构的效率和成员国维护主权在投票问题上存在矛盾时，协商机制、有效多数表决和紧急制动机制方面的条款比别的条款更缺乏操作性。可以看出，《里斯本条约》的决策机制明显加强了政府间主义色彩，其决策程序在效力上鲜有突破。

第二节　共同外交与安全政策的执行

《里斯本条约》在共同外交与安全政策执行机制上的改革主要体现在三个方面的创新，即欧洲理事会常任主席、欧盟外交与安全政策高级代表以及欧盟对外行动署的设立。

一、欧洲理事会常任主席

（一）背景介绍

在《里斯本条约》生效前，欧洲理事会由欧盟轮值主席国主持，轮值期为 6 个月。轮值主席国的权力主要包括如下几个方面：首先，主持欧洲理事会、欧盟理事会会议及其下属所有机构的工作，负责在成员国发生分歧时寻求解决途径；其次，在共同外交与安全政策中代表欧盟，拥有对共同外交与安全政策的动议权并负责政策实施，在确定欧盟共同外交与安全政策的议程和优先次序中拥有有利地位；再次，负责贯彻欧盟的共同外交与安全政策，在国际组织和国际会议中表达欧盟的立场；此外，轮值主席国还负责咨询欧洲议会的意见，并将欧盟共同外交与安全政策的决定及时向欧洲议会通报；受欧盟理事会的委托负责对外谈判，在谈判结束之后，可以就签署有关国际协定问题向欧盟理事会提出建议。尽管轮值主席国可以代表欧盟行使很多权力，但实践中，各轮值主席国都尽力使本国外交政策优先排入欧盟的议程中，并试图影响共同外交与安全政策朝着有利于本国的方向发展，因此，轮值主席国通常是有关共同立场和联合行动的大多数倡议的来源国。虽然轮值主席制度为每一个成员国在共同外交与安全政策领域发挥影响作用提供了机会，但由于成员国在外交能力上的差异，当欧盟中的小国担任轮值主席国时，联盟外交的可信度就会大打折扣。欧洲理事会轮值主席制度一直被认为是造成欧盟对外政策缺乏连贯性和一致性的重要制度性原因，欧盟东扩导致小国数目的增加使上述问题更为突出。

（二）常任主席的任命与职能

针对这一弊端，《里斯本条约》设立欧洲理事会常任主席一职，规定欧洲理事会应以有效多数表决机制选举其主席，任期两年半，可连任一届；欧洲理事会主席的职责是致力于促进欧盟内部的凝聚力和共识，确保欧洲理事会工作的连贯性和一致性。虽然改变轮值主席制度不会根本解决共同外交与安全政策的效率和能力问题，但常任主席一职的设立，能有效避免轮值主席制度引发的共同外交与安全政策战略重点随轮值主席国本国外交政策侧重点的变化而变化的情况。共同外交与安全政策领域的连贯性和一致性将随着欧洲理事会常任主席制度的实施而提高，这也是大国要求改革轮值主席制度的初衷。《里斯本条约》还规定欧洲理事会常任主席应在涉及欧盟共同外交与安全政策问题上，在部长级层面上担任欧盟的对外代表。此外，欧洲理事会主席不能在国内任职，应独立于各成员国。欧洲理事会主席职位的设立，将在客观上增加第三方对欧盟作为一个"外交政策整体"的印象，为保障欧盟政策连贯性、一致性，提高欧盟在国际舞台上的可信度提供了制度基础。

二、欧盟外交与安全政策高级代表

（一）背景介绍

《里斯本条约》对共同外交与安全政策的另一改革体现在外交与安全政策高级代表的设立。虽然沿用了高级代表的称呼，但是新职位的名称不再是"共同外交与安全政策高级代表"，而是范畴更为广泛的"欧盟外交与安全政策高级代表"。欧洲理事会依据有效多数原则，在得到欧盟委员会主席同意的情况下，任命欧盟的高级代表。高级代表主持欧盟理事会，也是欧盟委员会副主席之一。其在欧盟理事会中应负责处理对外关系，协调欧盟对外活动的其他方面。有关高级代表的上述规定，结束了轮值主席制度在对外关系领域内的存在。虽然从形式上看，高级代表似乎是原高级代表以及欧盟委员会对外关系专员两个职位的合并，但条约赋予了该职位在共同外交与安全政策领域原高级代表和委员会对外关系专员所不拥有的权能。依据《阿姆斯特丹条约》的规定，无论是高级代表还是委员会对外关系专员的作用都是辅助性的，最多只是发挥协调职能。因此不能简单地认为该职位是上述两职位的简单合并以及职能的简单相加。与原高级代表辅助性作用相比，《里斯本条约》赋予欧盟外交与安全政策高级代表以核心角色。该职位能够在超国家层面巩固欧盟外交政策，从而提高欧盟外交政策的一致性以及欧盟在国际舞台上的形象。高级代表的双重身份在一定程度上能够克服欧盟内部固有的超国家和政府间力量之间的冲突问题，为综合利用欧盟外交政策工具，实现外交政策目标提供制度保证。《里斯本条约》还规定高级代表在外交政策领域拥有动议权，这对于共同外交与安全政策的"超国家性"发展具有重大意义。上述规定使得高级代表分享了原本属于成员国和委员会共享的动议权，此项规定是外交政策领域内重大的制度革新。目前，外交政策领域内很多的政策动议被一些成员国非公开地压制，因为他们不愿意在公开场合下说"不"。与轮值主席国作为主要的政策动议主体相比，高级代表的动议能超越一国利益的藩篱，更多地站在欧盟的立场上，代表整个欧盟的利益。除此之外，高级代表的建议还可以扩大适用有效多数表决机制，使共同外交与安全政策领域的超国家特性显著增强。此外，《里斯本条约》赋予高级代表在共同外交与安全领域代表欧盟的权力，在理论上提升了欧盟在该领域的超国家形象。《里斯本条约》规定高级代表在涉及共同外交与安全政策问题上，对外代表欧盟。在国际组织和国际会议上代表欧盟与第三方进行政治对话、表达欧盟立场。而在《阿姆斯特丹条约》的相关规定中，在国际组织和国际会议中代表欧盟表达立场的是轮值主席国，高级代表只是在"适当时候"、"应轮值主席国的要求"、"代表欧盟理事会"与第三方进行政治对话。欧盟的对外代表将表现出连贯性和一致性，从而在一定程度上解决了长期以来困扰欧盟的"基辛格的问题",即"如果每位欧洲领导人都是欧洲的发言人,但与此同时却无法代表欧洲,那些代表欧洲的人员却无法谈判"。《欧洲联盟条约》(Lisbon)第 19 条第 2 款规定:"当欧盟就联合国安理会议程中的某一主题确定了共同立场,属于安理会成员的欧盟成员国应当请求允许欧盟高级代表代表欧盟陈述欧盟立场。"与第 13A 条的内容相比,这条规定的象征意义更加突出。《阿姆斯特丹条约》对此无相关规定,只是要求联合国安理会中的欧盟成员国在安理会中彼此协调立场。在联合国安理会中允许高级代表代表欧盟表达立场,宣示欧盟努力"用一个声音说话"的决心。

(二)高级代表的任命与职能

首先,根据《欧洲联盟条约》(Lisbon)第 18 条的规定,欧盟外交与安全政策高级代表由欧洲理事会通过有效多数表决方式选举并经欧盟委员会主席同意而产生。由于高级代表同时担任欧盟委员会副主席,欧洲议会对欧盟委员会所有委员的任命具有认可权,因此,欧洲议会对高级代表的任命也具备了间接的认可权。[1]《欧洲联盟条约》(Lisbon)没有对高级代表的任职期限做出明确规定,但是作为欧盟委员会的副主席,高级代表的任职期限应该是 5 年。高级代表的任职可以通过欧洲理事会有效多数表决的方式而终止。欧盟委员会主席也有权辞掉高级代表在欧盟委员会的职务,但需要欧洲理事会决定。[2] 欧洲议会有权提出弹劾欧盟委员会的议案,如果议案获得通过,欧盟委员会必须全体辞职,高级代表在欧盟委员会的职责相应终止。但在这种情况下,高级代表在欧盟理事会对外事务署的任职仍旧有效,直到新的欧盟委员会成员产生。[3] 上述规定表明,高级代表首先是由欧洲理事会通过有效多数表决的方式选举

---

[1] Article 17(7), Treaty on European Union(Lisbon).

[2] Article 17(6), Treaty on European Union(Lisbon).

[3] See Christine Kaddous, *Role and Position of the High Representative of the Union for Foreign Affairs and Security Policy under the Lisbon Treaty*, in Stefan Griller and Jacques Ziller eds., *The Lisbon Treaty EU Constitutionalism without a Constitution Treaty?*, Springer Wien New York, 2008, p. 208.

产生的;同时,选举产生的高级代表,在欧盟委员会中担任副主席,在对外事务方面对欧盟委员会负责;由于欧洲议会对欧盟委员会的委员有认可权,并且有权弹劾欧盟委员会的议案,因此,欧洲议会也间接地对高级代表具有监督权和认可权。欧洲理事会、欧盟委员会、欧洲议会等不同机构参与高级代表的任命与任职,在有利于欧盟各机构之间协调的同时,也导致高级代表的多重身份与职责上的冲突。

高级代表的职能主要包括如下几个方面:

第一,高级代表在欧盟理事会的授权下负责欧盟共同外交与安全政策以及共同安全与防卫政策的提案、管理、执行,在共同外交与安全政策领域对外代表欧盟,同时担任欧盟理事会对外事务署(Foreign Affairs Council)主席,在国际条约完全或部分涉及共同外交与安全政策时,有权向欧盟理事会提交建议,使其授权启动国际条约谈判程序,或任命欧盟谈判代表或谈判小组的组长。① 此外,高级代表还有权与欧盟委员会共同向欧盟理事会提议,对一个或多个第三国、自然人和法人或非国家实体采取制裁措施。②

第二,高级代表担任欧盟委员会副主席,负责处理欧盟对外关系和协调欧盟其他方面的对外行动。但是,高级代表同时也担任欧盟理事会外事委员会主席,在共同外交与安全政策领域对外代表欧盟,其职责的行使不得侵犯欧洲理事会主席在该领域的权力,也不得损害欧盟委员会在其他对外关系领域赋予其权力。欧盟理事会外事委员会负责阐述欧洲理事会制定的欧盟对外策略,确保欧盟行动的一致性;高级代表参与欧洲理事会的工作,欧洲理事会由成员国国家或政府首脑、欧洲理事会主席和欧盟委员会主席组成。高级代表并不是欧洲理事会的成员,但有权参与欧洲理事会的工作,从而使高级代表在欧洲理事会中具有优越于成员国部长或欧盟委员会委员的地位,后者只能在欧洲理事会邀请的情况下才有权参与欧洲理事会的工作;高级代表同时是欧盟委员会的副主席,参与欧盟委员

① Article 218(3), Treaty on the Functioning of the European Union.
② Article 215(2), Treaty on the Functioning of the European Union.

会的决策程序，负责欧盟所有对外行动的协调。

总之，高级代表的权力与职责涵盖欧盟对外行动的很多方面。例如，高级代表与成员国共同执行欧盟共同外交与安全政策。其职责包括共同外交与安全政策的准备与动议的提出、共同外交与安全政策的管理与执行，以及代表欧盟与第三国开展政治对话或在国际组织或国际会议中代表欧盟；① 高级代表应成员国的要求可以列席联合国安理会的正式会议，在会上维护经成员国全体一致而确定的欧盟立场，但高级代表在安理会的列席权不能减损安理会中的欧盟成员国的权力和权能；② 在共同外交与安全政策领域，高级代表与欧洲理事会主席在对外代表欧盟上的权力划分不清楚；在欧盟委员会内部，高级代表负责协调欧盟委员会的对外政策。他需要在欧盟委员会和欧盟理事会（或欧洲理事会）之间，以及负责欧盟不同对外政策的欧盟委员会委员之间起桥梁的作用。因此，随着欧盟委员会主席在欧盟委员会内部机构中的作用以及辞掉欧盟委员会委员的职能上加强，高级代表的作用是否受到影响有待于检验。最后，高级代表的双重功能要求其承担欧盟委员会成员和欧盟理事会外事委员会主席的双重义务。高级代表在执行欧盟委员会的职责时，应该遵守欧盟委员会的程序，同时不得违背其在共同外交与安全政策领域以及在欧盟理事会中的职责。③ 但是，由于欧盟共同外交与安全政策仍旧具有较强的政府间性质，成员国并不愿意使其在共同外交与安全政策领域的主权受到减损，因此，高级代表在确保欧盟对外政策一致性，以及协调与欧洲理事会、欧盟理事会与欧盟委员会之间关系上能发挥多大作用，还有待于时间和实践的检验。④

---

① See Article 24(3), Treaty on European Union(Lisbon).

② See Article 34(2), Treaty on European Union(Lisbon).

③ See Article 18(4), Treaty on European Union(Lisbon).

④ See Jan Wouters, Dominic Coppens and Bart de Meester, *The European Union's External Relations after the Lisbon Treaty*, in Stefan Griller and Jacques Ziller eds., *The Lisbon Treaty EU Constitutionalism without a Constitution Treaty?*, Springer Wien New York, 2008, pp. 152-156.

(三) 高级代表与其他有关机构之间的关系

如上所述, 高级代表身兼数职, 他在协调欧盟机构之间的关系, 以及增强欧盟对外政策和行动的一致性上起到了桥梁作用。在高级代表行使职能的过程中, 不可避免地需要处理好如下几个方面的关系:

1. 高级代表与欧盟各机构及欧盟成员国之间的关系

依照《欧洲联盟条约》(Lisbon) 第13条的规定, 欧盟机构主要包括欧洲议会 (European Parliament)、欧洲理事会 (Council of Europe)、欧盟理事会 (Council of the European Union)、欧盟委员会 (European Commission) 和欧盟法院 (European Court of Justice) 等。身兼数职的高级代表在履行职责时需要协调好与欧洲理事会、欧盟理事会、欧盟委员会、欧洲议会、欧盟法院以及与成员国之间的关系。

第一, 就高级代表与欧洲理事会之间的关系而言, 欧洲理事会经有效多数表决程序, 并在欧盟委员会主席的同意下, 选举出高级代表; 此外, 高级代表参与欧洲理事会的工作, 列席由成员国国家或政府首脑、欧盟委员会主席和欧洲理事会主席参加的欧洲理事会会议。① 同时, 作为对外事务委员会的主席, 高级代表负责依照欧洲理事会确立的策略纲领而制定欧盟对外行动计划并确保欧盟对外行动的一致性。② 欧洲理事会主席在共同外交与安全政策领域对外代表欧盟, 但不能减损高级代表在该领域的权力。③

第二, 就高级代表与欧盟委员会之间的关系而言, 高级代表的任命需要经过欧盟委员会主席的同意; 欧盟委员会主席也有权辞掉高级代表在欧盟委员会的任职, 当然需要经欧洲理事会有效多数表决通过; 作为欧盟委员会的成员, 如果高级代表不能满足履行其职责的条件或存在严重的管理不善等行为, 欧盟法院有权罢免高级代

---

① Article 15(2), Treaty on European Union(Lisbon).

② Article 16(6), Treaty on European Union(Lisbon).

③ Article 15(6), Treaty on European Union(Lisbon).

表;① 高级代表在欧盟委员会中担任副主席，负责欧盟对外关系的发展和对外行动的协调，在履行这一职责时应遵守欧盟委员会的程序;② 高级代表也会在其他对外关系领域代表欧盟。对外代表欧盟的主要有欧洲理事会主席、欧盟委员会和高级代表，但上述单个实体之间的权限划分不清楚。在共同外交与安全政策领域，高级代表有权独立或在欧盟委员会的支持下，向欧盟理事会提交动议和提案;在其他对外经济关系领域，高级代表与欧盟委员会有权联合向欧盟理事会提议，对一国或多国、自然人、法人或非国家实体采取制裁性措施;订立国际条约时，若条约全部或部分涉及共同外交与安全政策，欧盟委员会或高级代表有权向欧盟理事会提交建议，启动条约谈判程序、任命谈判官员或谈判小组组长。类似地，若依该国际协定而建立的某机构采取了某项具有法律效力的行动，欧盟委员会或高级代表有权向欧盟理事会提议暂停或终止某一国际协定的适用;欧盟委员会与高级代表共同负责发展欧盟与其他国际组织的关系。③

　　第三，就高级代表与欧洲议会的关系而言，欧洲议会对欧盟委员会的成员的任命具有认可权，相应地，作为欧盟委员会副主席，欧洲议会对高级代表的任命也具有间接的认可权;欧洲议会有权弹劾欧盟委员会的行动，一旦弹劾获得通过，欧盟委员会需要全体辞职，相应地，高级代表也需要辞去其在欧盟委员会中的职责;高级代表需要在共同外交与安全政策的政策选择、政策主要方面和政策的具体执行上向欧洲议会定期汇报和咨询，并确保欧洲议会的观点得到慎重考虑;欧洲议会有权就共同外交与安全政策向欧盟理事会和高级代表提出质询和建议;欧洲议会每年举行两次有关共同外交与安全政策以及共同安全与防卫政策发展和执行的辩论;欧洲议会对由欧盟财政支出中有关共同外交与安全政策的财政预算部分有决定权。

---

① Article 247, Treaty on the Functioning of the European Union.
② Article 18, Treaty on European Union(Lisbon).
③ Article 220(2), Treaty on the Functioning of the European Union.

第四，就高级代表与欧盟理事会的关系而言，欧盟法院罢免高级代表须经欧盟理事会简单多数表决通过并执行；高级代表担任欧盟理事会对外事务委员会主席，参与欧盟对外行动的制定与执行，欧盟理事会应该在欧洲理事会所确立的基本策略纲领下确保欧盟对外行动的一致性；欧盟理事会与欧盟委员会在高级代表的协助下应共同合作并确保欧盟对外行动的协调一致，欧盟理事会与高级代表也应在共同外交与安全政策领域确保忠诚和共同稳固原则的实现，确保欧盟对外行动的统一、连贯、一致与有效；高级代表作为欧盟理事会对外事务委员会主席，应该提交共同外交与安全政策的提案并确保欧洲理事会和欧盟理事会的有关决议得以贯彻；当欧盟理事会成员国基于国内重大政策，而反对欧盟理事会一项将基于有效多数表决机制而做出的决议时，表决程序将暂时不予执行，高级代表将与有关成员国密切磋商和调解，寻求可以接受的解决方案，若高级代表没能成功调解，欧盟理事会将通过有效多数表决的方式，决定是否将争议事项提交欧洲理事会由全体一致表决方式做出决议；在高级代表的提议下，欧盟理事会将就特别问题任命特殊代表，特殊代表在高级代表的授权下履行其职能；在共同外交与安全政策领域，政治与安全委员会负责监督国际形势，界定政策并主动或在高级代表、欧盟理事会要求下提交观点，该委员会同时负责监督有关政策的执行，但不得侵犯高级代表的权力，在欧盟理事会和高级代表的授权下，该委员会还对危机管理行动的策略方向行使控制权；欧盟理事会有权通过决议的方式，确立特别程序，保证欧盟的预算在共同外交与安全政策领域得到快速启动，特别是为执行维和、制止危机和加强国际安全而执行的准备性行动，不能通过欧盟预算的上述准备行动将由成员国捐助的启动基金支出，上述决议的做出，均由高级代表提案；在共同安全与防卫政策领域，经成员国动议，高级代表提案，欧盟理事会全体一致决议而采取某一行动；为执行共同安全与防卫政策的有关行动，利用民事和军事手段，欧盟理事会应界定行动的目标、范围、基本条件等，高级代表应负责行动的协调；满足相应军事能力并有意愿参与欧盟的长期结构性合作机制

120

的成员国，应向欧盟理事会和高级代表告知其意向。①

第五，就高级代表与欧盟法院之间的关系而言，由于共同外交与安全政策政府间主义的特殊性，条约原则上排除欧盟法院的审查权，仅在一些例外情况下，欧盟法院具有管辖权；同时若高级代表不能满足履行职能的条件或在履行职能时存在严重错误的，欧盟法院有权罢免高级代表，但须经欧盟理事会简单多数表决并通过。

2. 高级代表与成员国的关系

成员国通过其国家元首或政府首脑，在欧洲理事会中对高级代表的任命发挥间接作用；共同外交与安全政策由高级代表和成员国共同执行；共同外交与安全政策领域的提案权由成员国和高级代表（或高级代表经欧盟委员会支持）共同享有；当欧洲理事会或欧盟理事会界定欧盟的共同立场时，高级代表和成员国外交部长应在欧盟理事会中保持行动上的相互协调；在国际组织或国际会议中，各成员国应该相互协调并维护欧盟的立场，高级代表负责成员国之间的协调；参与某国际组织或国际会议的欧盟成员国，在涉及欧盟共同利益时，应确保高级代表和非该组织成员国的欧盟成员国获得通知；作为联合国安理会成员国的欧盟成员国，应确保高级代表和其他非成员国获得通知，并在不违背其依《联合国宪章》所履行义务的前提下维护欧盟的立场和利益，当欧盟就安理会议程发表了一项立场时，作为安理会成员国的欧盟成员国应要求高级代表出席安理会会议并发表欧盟立场；由高级代表领导的欧盟代表团，应与成员国的外交与领事机构保持密切合作与沟通。②

总之，设置具有多重身份的高级代表一职的目的在于促进欧盟共同外交与安全政策领域对外代表职能的连贯性和稳定性，增强欧盟对外关系的一致性和协调性。高级代表负责共同外交与安全政策的执行，作为欧盟委员会的副主席，确保欧盟对外关系的一致性；作为欧盟理事会对外事务委员会主席，高级代表负责欧盟所有对外

① Article 14，24，26，27，31，33，38，41，42，43，46，Treaty on European Union(Lisbon).

② Article 30，32，34，Treaty on European Union(Lisbon).

关系的各个部门的协调；在对外行动署的协助下，高级代表还管理欧盟 130 余个对外代表团。① 欧盟在国际舞台上对外政策的统一性和协调性是否得到增强还不能过早下定论。欧盟对外由高级代表、欧洲理事会主席和欧盟委员会共同代表，三者之间是否能够有效协调，是很多因素相互作用的结果，因此欧盟对外行动的统一性和协调性应该取决于欧盟在国际舞台上的行动的效力和可信性，而非三个实体职能的划分；高级代表身兼数职，但是欧盟的对外政策却仍旧没有实现最终的统一，比起与欧盟委员会的关系，高级代表与欧盟理事会的关系更近，在共同外交与安全政策领域，成员国的作用仍旧较大，高级代表究竟能在多大程度上有效协调欧盟的对外行动还有待于时间和实践的检验，也需要一个有效的欧洲对外行动署的全力配合。②

三、欧洲对外行动署

《里斯本条约》在对欧盟高级代表职能进行相关规定的同时，指出高级代表应该得到欧洲对外行动署（European External Action Service，EEAS，以下简称对外行动署）的支持。因此欧洲对外行动署与高级代表职位的设立，被认为是彼此联系的。《里斯本条约》对高级代表职能的设定是建立在其拥有欧洲对外行动署作为机构保障的基础之上。

（一）欧洲对外行动署的设立和组成

根据《里斯本条约》的规定，成员国以一致方式通过，经欧盟委员会同意，并经咨询欧洲议会，欧盟理事会做出了《建立欧洲对外行动署组织和运行的理事会决定》。该决定的主要目的，是通过

---

① See Jean-Claude Piris, *The Lisbon Treaty — A Legal and Political Analysis*, Cambridge University Press, 2010, p. 245.

② See Christine Kaddous, *Role and Position of the High Representative of the Union for Foreign Affairs and Security Policy under the Lisbon Treaty*, in Stefan Griller and Jacques Ziller eds. , *The Lisbon Treaty EU Constitutionalism without a Constitution Treaty?*, Springer Wien New York, 2008, pp. 219-220.

集中对外关系领域中的既有资源，建立一个在高级代表职权下的有效和一致性的部门。

对外行动署的人员组成有：欧盟理事会总秘书处有关部门的人员、欧盟委员会的人员和成员国外交部门派出的人员；上述人员地位平等，成员国派出的人员具有成员国临时代理的身份，享有与欧盟职员同等的机会、权利和义务；人员的招聘按照有效、透明、性别比例均衡、地域比例均衡、统一和择优等原则招聘；任命的人员可以在对外行动署的总部和欧盟代表团、对外行动署总部各部门之间、对外行动署和成员国外交部门之间，以及对外行动署与欧盟委员会或欧盟理事会总秘书处之间轮流任职。自 2009 年 12 月 1 日起，欧盟委员会的所有派出代表团将作为欧盟的派出代表团，统一由高级代表管理；欧盟的派出代表团是对外行动署的内部机构。代表团成员由对外行动署职员和欧盟委员会有关部门的职员组成。代表团内部所有职员统一由代表团团长领导，团长由高级代表、对外行动署和欧盟委员会有关部门领导并向其汇报工作，汇报工作的范围和内容取决于事项属于对外行动署或欧盟委员会的工作范围；欧盟派出代表团主要起到协调和对外代表欧盟的作用；轮值主席国应协助高级代表实现其功能；欧盟派出代表团应对欧盟公民在第三国的外交与领事保护上起支持作用。[1]

（二）对外行动署的法律义务

高级代表兼具多项职能的内在逻辑，是为了避免机构之间的争议，从而确保欧盟对外行动的一致性。为保证欧盟对外行动的一致性，欧盟对外关系法的基本法律原则是"真诚合作原则"[2]，它是

---

[1]　Rapporteur Elmar Brok, Report on the Institutional Aspects of Setting up the European External Action Service, Committee on Constitutional Affairs, European Parliament, 20 Oct. 2009, 2009/2133 INI(Adopted as EP Resolution on 22 Oct.); Presidency Report to the European Council on the European External Action Service, Brussels 23 Oct. 2009, DOC 14930/09.

[2]　Case C-433/03, *Commission v. Germany*, [2005] ECR I-6985.

欧盟对外关系法中的基本义务之一。① 真诚合作原则见于《欧洲联盟条约》(Lisbon)第4条第3款,并且在第24条第3款中特别要求"成员国应本着忠诚和相互团结的精神,积极地、毫无保留地支持联盟的对外政策与安全政策,并且就与联盟在该领域的行动保持一致",在第13条第2款中又将该原则适用于欧盟七大机构。真诚合作原则也适用于对外行动署,《建立欧洲对外行动署组织和运行的理事会决定》第3条对该原则进行了重申和充实。该条详细地规定了对外行动署将如何与欧盟的其他机构合作。《建立欧洲对外行动署组织和运行的理事会决定》第3条第1款规定,对外行动署应支持并且在成员国外交部门、理事会总秘书处以及委员会各服务部门的合作下工作,以确保欧盟对外行动的不同领域之间和这些领域与其他政策之间的一致性。

可以说,对外行动署的设立有利于欧盟在情报、反恐、危机处理等方面外交资源的整合,有利于提升和强化共同外交与安全政策的执行工具。但对外行动署的政策角色与其法律定位之间是有区别的。从政策角度来看,对外行动署毫无疑问会对欧盟对外关系的决策具有重要影响。发展政策是最明显的例子,并且对外代表、内部协调、信息收集与协调等工作将使对外行动署在欧盟对外关系机制中成为一个强有力的行为者。但是从法律角度来看,有关对外行动署的各种规定则故意保持模糊。对其法定资格的规定明确表明它在其职权下对通过具有法律效力的法令是有某些权力的,因为法定资格如果没有实质内容就是毫无意义的。对外行动署的能力是从功能上规定的,也就是说是对于"协助"高级代表/委员会副主席履行其职权具有必要的功能。但是,很难将对外行动署的能力限制于此,就高级代表的职权来说,需要协助的部分是非常广泛和深入的,其任务既有支持性的,也有准机构性的。可以确定的是,对外行动署没有被明示地赋予通过法律文件以控制欧盟政策的权力。对外行动

① See Cremona, *Defending the Community Interest: the Duties of Cooperation and Compliance*, in Cremona and De Witte eds., *EU Foreign Relations Law — Constitutional Fundamentals*, Hart Publishing, 2008.

署所准备的所有动议都需要得到欧盟政治决策机关的最后批准。对于发展政策，对外行动署全面深入地准备委员会的决定，但是并不对其做出决断。

四、共同外交与安全政策执行机制评价

自《马斯特里赫特条约》起，欧盟政策就被比喻为是神秘的"希腊神庙"：欧盟条约的共同条款（第1～6条）被认为是神庙的屋顶，三个不同的政策范围被描绘为神庙的三大支柱，而欧盟条约的最后条款（第46～53条）被描绘为是神庙的基石。① 其中第一支柱主要包括欧盟的三大经济共同体、共同市场及有关政策；第二支柱包括外交政策（人权、民主和对外援助）与安全政策（欧洲安全与防务政策、赫尔辛基首要目标等）；第三支柱主要是刑事领域的警察与司法合作（包括毒品运输与武器走私、恐怖主义、贩卖人口、有组织犯罪、贿赂与欺诈等方面）。

然而，在这一结构下，欧盟委员会的组成、有效多数表决机制的定义以及欧洲议会的组成，很少为欧盟普通民众所关注。但这些问题却是欧盟成员国及其政府十分敏感的问题。欧盟委员会排他的提议权以及欧盟法院的全面的司法管辖权是欧盟超国家性（supranationalism）的重要表现；欧洲议会对政策决策的介入是欧盟民主合法性（democratic legitimacy）的重要表现；有效多数表决程序条款是欧盟有效性（effectiveness）的重要表现；欧盟理事会的讨论与文件的公开是欧盟民主透明性（transparency）的重要表现；欧盟理事会与欧洲议会公开表决是欧盟民主责任性（accountability）的重要表现；成员国国内议会的介入体现了从属性原则（subsidiarity）；措施前的影响评估和措施后的评价以及公共咨询体现了立法的质量性（legislative quality）原则。② 欧盟法院在共同外交与安全政策领域

---

① See Marco Brunazzo and Pierpaolo Settembri, *Burial or Resurrection? The Fate of EU "Pillars" after Lisbon*, SISP Annual Congress, 2010.

② See Marco Brunazzo and Pierpaolo Settembri, *Burial or Resurrection? The Fate of EU "Pillars" after Lisbon*, SISP Annual Congress, 2010.

中的管辖权范围是欧盟法治(rule of law)原则的重要体现。

欧盟的法律渊源依效力等级由高到低主要包括如下五个方面:欧盟的基础条约;不成文的欧盟法基本原则(如欧盟法院的判例法);欧盟为主体与第三国或国际组织订立的不违背欧盟基础条约和欧盟法基本原则的国际条约;欧盟机构制定的具有法律效力的条例;具有准法律条例性质的大量的"软法"。

《里斯本条约》对共同外交与安全政策执行机制进行了一系列制度革新和调整,目的是使欧盟能够有效解决扩大的欧盟在共同外交与安全政策领域所面临的问题,以及能够更好地面对21世纪的外交与安全挑战。《里斯本条约》对共同外交与安全政策所做的执行机构的调整包括:欧洲理事会常任主席职位的设立、欧洲对外行动署的设置、欧盟外交与安全政策高级代表职位的设立。这些调整对增加欧盟在对外关系中的协调一致,扩大欧盟采取军事行动以实现外交政策目标的空间,从而提高共同外交与安全政策的灵活性发挥了重要作用。

就欧盟机构对成员国的拘束力而言,与以往的条约一样,《里斯本条约》强调成员国应本着效忠和互助的精神互相承诺采取积极态度,毫无保留地支持欧盟在对外安全领域的政策,并避免任何与欧盟利益相悖或可能有损其行动效力的行为,还规定了相互合作和履行条约的义务,附加了成员国应承诺服从欧盟在此领域行动的条款。① 此外,条约还强调,成员国应保证通过协调行动使欧盟能在国际舞台上主张其利益和价值观。在《里斯本条约》生效后,共同外交与安全政策在本质上仍维持了政府间主义体制。诸如欧洲理事会和欧盟理事会的政府间主义机构支配了共同外交与安全政策的决策过程。而欧盟委员会、欧洲议会这两个超国家机构仅发挥着次要和边缘的作用。欧洲法院不能对共同外交与安全政策行使司法管辖权。由于超国家因素并未得到更多的强调,欧盟的行为经常受到各国政府的掣肘。虽然高级代表在维持成员国秩序方面应扮演道义的角色,即对不履行责任的成员国可以"点名"、"曝光"、"谴责",

---

① See Article 24, Treaty on European Union(Lisbon).

并令其做出承诺，但在迄今的外交实践中还从未有过先例。此外，与其他政策领域不同，高级代表无权将成员国不履行义务的案件提交给欧洲法院。① 其次，基于以往的政策实践经验，提案产生危机时，欧盟的行为更多趋向于关注成员国自身的利益。条约中对成员国应表现出团结一致的条款在机构的实际运作中无法使分歧严重的成员国利益集团重新组合在一起。在从欧洲政治合作发展到共同外交与安全政策的历程中，许多案例说明，处在两难境地的理性成员国倾向于不履行对欧盟应承担的义务。当成员国政府认为绕过这些软性的承诺符合它们的国家利益（至少是短期利益）时，它们往往就会这样做。即使这些宣言对其有明确的限制，成员国还是能绕开要履行的义务而不受任何处罚。成员国政策可以自由地从集体行动中得到符合其利益的好处而不必服从那些有可能与其短期利益相悖的规则。因此不管是新秩序还是旧秩序都无法建立一个共同行动的权威制度，从而达到成员国在高级代表的指挥下将条约和规则转换为在现存体制中的共同行动原则的目的。在对成员国制约力方面，《里斯本条约》基本在重复《欧洲宪法条约》的表述，相比《尼斯条约》，成员国在行为模式上也未见有多大改观。因此，《里斯本条约》对于规范成员国行动，加强共同外交与安全政策运作效力方面的表述对欧盟外交实践究竟会产生多大影响值得反思。

---

① Article 258, Treaty on the Functioning of the European Union.

第四章　共同外交与安全法律
政策的司法监督

　　欧盟以民主和法治为其基本原则和重要目标。民主和法治的重要表现就是欧盟法院对欧盟具有法律强制力的一系列规范的制定和执行具有司法监督和审查的权力。在共同外交与安全政策领域，欧盟法院是否具有管辖权以及如何行使管辖权成为欧盟对外政策是否遵循民主和法治原则的焦点所在。

　　欧盟机构的任何法律行动的采取都依赖于其法律基础的界定，法律基础主要通过欧盟条约有关条款规定。在欧盟法律体系中，法律基础的确定标准起到了尤为重要的作用。法律基础的规定既是欧盟赖以建立的基本宪法性原则——授权原则（principle of conferral）的重要表现，也是欧盟机构采取行动时进行决策的依据，是欧盟法院行使司法管辖权的依据。① 但是，由于欧盟的支柱结构，欧盟法院在司法实践中经常遇到欧盟的决策应依赖于三大支柱中的哪一个或哪两个支柱为法律基础，如何对法律基础进行选择的问题。法律基础的选择尤以第一支柱和第三支柱之间的选择为多，通常欧盟理事会以第三支柱的规范为法律基础，而欧盟委员会以第一支柱的规范为法律基础，这使欧盟法院对法律基础的确定十分困难。*ECOWAS* 案是首个欧盟法院需要在第一支柱和第二支柱之间选择法律基础的案例。②

---

　　① See Joni Heliskoski, *Small Arms and Light Weapons within the Union's Pillar Structure: An Analysis of Article 47 of the EU Treaty*, *E. L. Rev.*, Vol. 33, 2008, pp. 898-912.

　　② Case C -91/05 *Comission v. Council*, Judgment of 20 May 2008.

第一节　欧盟法院对共同外交与安全
政策的司法监督

一、欧盟法院司法监督的法理分析

《尼斯条约》第 46 条是有关欧盟法院管辖权的一般条款。第 47 条同时规定欧共体法律优于欧盟法，欧共体的权能不应受到共同外交与安全政策的侵犯，欧盟法院因此有权审查法律基础的选择并决定欧盟的某一行为是否侵犯欧共体决策程序。然而，在共同外交与安全政策这一敏感领域排除欧盟法院的司法管辖并没有保证欧盟条约所确立的机构之间的平衡，也不利于对因共同外交与安全政策的有效条款而受到损害的个人提供法律上的救济。① 事实上，早在 20 世纪 90 年代，欧盟法院就已经在报告中强调明确成员国与欧盟的权能划分以及成员国各机构之间权能范围的重要性，并强调欧盟法院对于政府间合作缺乏司法审查权，不利于因政府间合作行动而权利受到影响的有关个人的司法保护，也不利于确保欧共体法和欧盟第二支柱和第三支柱法律机制在解释和适用上的一致性。②

根据《尼斯条约》的规定，欧盟法院对共同外交与安全政策不具有管辖权。从国际政治角度考虑，由于成员国反对欧盟司法机构参与共同外交与安全政策，担心司法力量的介入会限制其在国际政治领域的国家主权权力。赋予欧盟法院在共同外交与安全政策领域管辖权即是赋予欧盟在外交、安全和防卫领域权能。而这些领域恰恰是国家主权的敏感问题，成员国大多不愿意把敏感领域的国家主权让渡给欧盟。因此，管辖权问题与欧盟权能问题紧密相连。事实

---

① See Maria-Gisella Garbagnati Ketvel, *The Jurisdiction of the European Court of Justice in Respect of the Common Foreign and Security Policy*, *International and Comparative Law Quarterly*, Vol. 55, 2006, pp. 77-120.

② See Report of Court of Justice on Certain Aspects of the Application of the Treaty on European Union, Luxembourg May 1995, para. 4.

上，在一国内部，由于"政府行为原则"，国内法院也较少对政治问题行使审查权。排除欧盟法院在共同外交与安全政策领域的司法管辖权的原因很多。首先，变幻莫测的国际形势与国际关系，共同外交与安全政策领域决议的敏感性和对多变的国际形势做出快速反应的现实状况迫使成员国将这一领域排除在欧盟法院的司法管辖之外。其次，成员国担心一旦赋予欧盟法院管辖权，欧盟法院的法官将在这一领域具有更大的裁量权，甚至会限制其在国际政治领域的国家主权，将共同体对外权能的权力扩大到共同外交与安全政策领域。此外，欧盟在共同外交与安全政策领域的权能本质和范围也决定了在该领域行使司法审查和监督权的困难。共同外交与安全政策领域的行动往往具有短期性、敏感性、目标抽象且政策性强等特点，是成员国基于国际形势的特殊情况、危机或国际协商等所集体做出的快速反应和短期行为，并没有建立成员国之间长期的共同的法律义务和权利，因此欧盟法院对这一领域行使管辖权比较困难。

事实上，将对外事务排除于司法体系之外的现象在各国宪政制度中普遍存在。① 在美国最高法院的判例法中，早在 *Marbury v. Madison* 这一里程碑意义的案件中，Marshall 法官就提出了"政治问题原则"，将具有政治属性的问题排除法院的司法管辖。② 同时虽然美国宪法强调"不论出于法律还是公正，司法权力应及于所有案件"，但是美国最高法院也在 *Baker v. Carr* 案中阐释了排除司法管辖的六种情况③，指出"政治问题原则"从本质上是权力分配的结果，如果一个问题从宪法上被归结为由政治机关来决定，则法院将不具备法律上的管辖权。类似的情况也出现在欧盟成员国的国内宪政体制中。法国最高法院承认有关对外事务的政府决议和行为以及有关政府与议会之间关系的事项由于具有政治属性而排除司法管

① G. De Baere, *Constitutional Principles of EU External Relations*, Oxford University Press, 2008, p. 197.

② See Henkin, *Is there a Political Questions Doctrine?*, *Yale Law Journal*, Vol. 85, 1976.

③ *Baker v. Carr*, 369 US, 1962, p. 217.

辖；德国联邦宪法法院的判例也表明对具有政治敏感性的问题，法院的司法权限受到限制；在北约空袭造成的民事损害赔偿案中，意大利上诉法院认为由于案件具有政治属性，所以意大利法院对案件没有管辖权。欧洲人权法院对于意大利上诉法院的裁决持相同观点，指出意大利法院的裁决并没有侵犯依照《欧洲人权保护和基本自由公约》所确立的公平审判权利和有效救济权利，因为申请人并没有失去通过法院寻求司法救济的权利，而是依照成员国国内法，法院不具备管辖权。可见，将政治属性的对外事项排除法院的司法管辖是各国的普遍现象。因此，共同外交与安全政策在欧盟法律体系中的特殊地位，以及欧盟法院在该领域司法管辖的排除也是不可避免的。然而，将政治案件排除司法管辖，实际上是对法治原则的破坏，而且在实践中，"政治"案件没有一个统一的界定标准，对于公众而言，所有的问题都可以直接或间接地界定为具有政治属性。

二、欧盟法院司法监督的实证分析

依照《尼斯条约》第 46 条和第 47 条的规定，欧盟法院在共同外交与安全政策领域没有管辖权。但是若共同外交与安全政策侵犯欧共体法律和权能，则欧盟法院有间接的管辖权。

（一）欧盟法院对第一支柱与第三支柱间权能分配的实证分析

1998 年的 *Airport Transit Visa* 案是欧盟法院行使司法审查权时面对的首个跨支柱（涉及第一支柱与第三支柱）权能划分案例。①在该案中，欧盟委员会主张欧盟理事会基于《欧洲联盟条约》第六部分采取的一项行动无效，应该根据《欧洲共同体条约》第四部分而采取。英国主张欧盟法院对此无管辖权。在该案中，欧盟法院主张其对界定第一支柱与第三支柱间权能的分配具有管辖权，同时暗示此种管辖权也扩展于第二支柱的权能分配。Fennelly AG 法官认为欧盟法院有权决定一项基于《阿姆斯特丹条约》第四部分或第五部分所采取的行动，是否侵犯了该条约赋予的欧共体在有关领域的

① Case C-170/96 *Commission v. Council*, 1998, ECR I-2763.

权能，欧盟法院也有权确保共同外交与安全政策以及司法与内务政策的行动没有侵犯条约所赋予的欧共体的有关权能。但是，并不是所有的成员国都支持此种观点。英国主张欧盟法院对此类案件没有管辖权，其理由在于欧盟法院无权否决欧盟的联合行动的效力。在该案中，虽然欧盟委员会的诉求没有得到欧盟法院的认可，但是欧盟法院认为其对这种法律选择争议具有管辖权，尽管其对司法与内务支柱没有管辖权，但是它有权力依据欧盟委员会的申请，根据《尼斯条约》第47条确定欧盟第三支柱内的某一决议或行动的内容是否侵犯欧共体第一支柱的有关权能，以保证欧盟条约的任何条款不致侵犯欧共体的有关权能。随后的 Environmental Criminal Law 案和 Ship-Source Pollution 案也是有关第三支柱与第一支柱法律基础选择的争议，受到学术界和政治界的广泛关注。①

在 Environmental Criminal Law 案中，欧盟委员会主张理事会依据《尼斯条约》第六部分做出的一项框架性决议无效，该决议旨在要求成员国在国内刑法中就环境污染犯罪做出特别规定。争议的焦点在于法律基础应依照《欧共体条约》第175条有关环境保护的刑事法律条款还是依照《尼斯条约》第34条有关正义与司法合作中的刑事法律条款。在欧盟法院行使管辖权之前，有关法律基础的选择主要存在如下观点：丹麦主张应依据第三支柱的规则为法律基础；欧盟委员会主张应以《欧洲共同体条约》第175条为法律基础；欧盟理事会就此采取框架性决议，主张应根据第三支柱的刑法条款进行环境保护。欧盟法院在审理该案中首次承认刑法不属于第一支柱的范畴，但是如果通过执行刑法对环境进行有效保护具有重要作用，则欧共体有权依照《欧洲共同体条约》第175条执行。

在随后的 Ship-Source Pollution 案中，20个成员国联合提交书面材料，详细论证因船舶污染环境而采取刑事制裁的框架性决议的法律基础，框架性决议中还详细讨论了成员国进行刑事处罚的种类和标准，旨在证明上述刑事法规属于第三支柱的范畴而不应属于

---

① Case C-176/03 (n 3) para. 39, *Commission v. Council* [2005] ECR I-7870 and Case C-440/05 *Commission v. Council* [2007] ECR I9097.

《欧洲共同体条约》第175条的范畴。欧盟法院的裁定肯定了成员国的观点。

SEGI案中采取的共同立场是基于《尼斯条约》第15条和第34(2)(a)条中有关第二支柱和第三支柱的条款做出的①，申请人主张欧盟理事会采取的共同立场仅仅为了剥夺他们获得救济的权利，因此应该以欧共体规则为依据。原讼法院（Court of First Instance）认定其对欧盟理事会的行为具有管辖权的前提是欧盟理事会的行动侵犯了欧共体的权能。同时认为《欧洲联盟条约》（Nice）第34条是共同立场的唯一法律基础。

上面提到的各个案例是欧共体权能受到欧盟权能侵犯的案例。在实践中，首个欧共体权能侵犯欧盟权能的案例是PNR案，即欧盟与美国《乘客姓名记录处理与转移的协定》的法律基础的选择问题。② 欧盟法院认为该协议的内容在于交换飞往美国乘客的有关信息以及欧盟委员会就同样问题的执行决议，不应依照《欧洲共同体条约》第95条，而应以警察与司法合作支柱下的规则为法律基础。法院的主要理由在于虽然乘客的个人数据最初来源于航空公司的售票行为和提供服务的行为，似乎应依照欧共体法律来调整，但从本质上看，这种数据的处理行为不是为了提供服务而是为了维护公共安全和确保法律执行，属于警察与司法合作支柱范畴。③ 类似地，爱尔兰也提起了一项有关第一支柱权能侵犯第三支柱权能的案例。该案涉及"数据保留条例"（Data Retention Directive）。数据保留条例要求互联网供应商、电信公司等在6个月到2年内保留其客户有关信息，出于严重刑事行为的调查目的，客户信息应提供给司法机关。因此，爱尔兰认为，该数据保留条例的目的是为打击严重犯罪

---

① Case T-338/02 *Segi v. Council*［2004］ECR II-1647 and on appeal, Case C-55/04 P *Segi v. Council*［2007］ECR I-1657. Common Position 2001/931/CFSP（OJ 2001, L 344/93）and Common Position 2007/871/CFSP（OJ 2008, L 116/55）and Common Position 2008/347/CFSP.

② Jointed Cases C-317/04 and C-318/04 *European Parliament v. Council*［2006］ECR I-4721.

③ PNR, para. 57.

和恐怖主义，应该属于第三支柱的范畴，而不应以《欧洲共同体条约》第95条有关第一支柱的条款为法律基础。①

（二）欧盟法院对第一支柱和第二支柱间权能分配的实证分析

上述介绍的案例，都是欧盟法院就第一支柱和第三支柱间权能分配行使管辖权的实例。首个欧盟法院在第一支柱和第二支柱间权能分配行使管辖权的案例是 ECOWAS 案。

1. 争议背景

2000 年，欧共体及其成员国与非洲、加勒比海和太平洋有关国家签订伙伴协议，旨在通过控制轻武器的非法运输和无限增加的方式而建立和平和阻止地区冲突。欧盟委员会于 2002 年 6 月依照《尼斯条约》第 14 条的规定就欧盟控制轻武器过度增加采取联合行动。② 该联合行动的目的在于打击并最终控制轻武器的过度增加，减少轻武器和弹药的数量并努力解决因轻武器增加而导致的一系列问题。联合行动第 Ⅱ 条规定执行行动提供经济和技术上的协助，并规定欧盟理事会对财政和技术上协助的分配，有关基金的优先使用，以及执行特殊行动的条件等事项有决定权。第 9 条规定欧盟理事会和欧盟委员会应确保欧盟在该领域的行动的一致性，特别是确保欧盟在发展政策领域的行动的一致性。根据上述伙伴协议附加条款 4 和联合行动，2003 年 2 月，欧盟委员会及其成员国与西非国家经济联盟（ECOWAS, Economic Community of West African States）和西非经济与货币联盟（West African Economic and Monetary Union）就有关地区策略支持达成一致，以支持并落实联合国有关轻武器的进出口和生产备忘录。2004 年，欧盟委员会开始为预防冲突和建立和平的行动准备财政预算报告，报告中包括为 ECOWAS 轻武器控制计划的预算。根据该联合行动以及依照《尼斯条约》第 23 条第 2 款的规定，欧盟理事会于 2004 年 12 月采取决议，旨在 ECOWAS 有关进出口和轻武器备忘录机制下执行其计划。欧盟提供财政上和技术上的援助以在 ECOWAS 技术秘书处内建立一个轻武器部门，

① Case C 301/06 *Ireland v. European Parliament*, Directive 2006/24/EC.

② Joint Action 2002/589/CFSP.

并把该备忘录转变为 ECOWAS 成员国之间的条约。欧盟委员会有权在财政上执行该决议，包括与 ECOWAS 在欧盟援助的使用条件上订立协议。

2004 年 11 月，当欧盟理事会的决议在起草时，欧盟委员会提出声明，指出不应采取 2002/589/CFSP 联合行动，并指出该联合行动应该通过对科托努的第九次欧洲发展援助基金支出，欧盟委员会同时指出该联合行动属于欧共体及成员国的共享权能范畴，依照《尼斯条约》第 47 条的规定，共享权能与欧共体的排他权能一样受到保护。欧盟委员会因此提出欧盟理事会的决议没有基于正确的法律基础，违背了《尼斯条约》第 47 条的规定，因此主张该决议无效，有关的联合行动是非法的而应被撤销。

2005 年 12 月欧盟委员会在欧洲议会的支持下，向欧盟法院申请欧盟理事会根据 2002/589/CFSP 联合行动所采取的 2004/833/CFSP 决议无效，同时主张 2002/589/CFSP 联合行动无效。其理由在于 2002/589/CFSP 联合行动以及以该联合行动为依据而执行的 2004/833/CFSP 决议违背了欧共体在发展援助政策领域的权能，因而违背了《尼斯条约》第 47 条的规定：科托努协议不仅涉及预防轻武器增加，而且欧盟委员会也根据科托努协议的规定与西非国家缔结了地区指导性计划，旨在支持一个预防冲突和良好治理的地区性政策，并与西非国家签订有关轻武器进出口和生产的备忘录。因而，欧盟委员会主张欧盟理事会无权再依据《尼斯条约》第五部分采取行动。

2. 双方争议的焦点

ECOWAS 案涉及与《尼斯条约》第 47 条的解释与适用有关的一系列问题。双方的分歧在于：

（1）欧盟委员会和欧洲议会。

该案的申请方欧盟委员会和欧洲议会的观点是：欧盟理事会 2004/833/CFSP 决议即使产生了维护国际和平和安全的边际效应，其主要目的在于促进有关第三世界国家的经济和社会发展，一个和平、政治稳定和民主的国内环境是经济社会发展的前提条件。因此，《欧洲共同体条约》第 179 条有关欧共体的发展合作政策应是法律基础，因而违反了《尼斯条约》第 47 条的规定。同时由于 2004/833/CFSP 决议是依照欧盟理事会 2002/589/CFSP 的联合行动做出的，因此，欧盟理事会的该联合行动也是无效的。欧盟委员会认为，从长远的角度看，控制轻武器的增加，维护国家的稳定和民主是一国发展的重要条件，也是欧盟发展援助政策的不可分割的部分。

（2）欧盟理事会及有关成员国。

该案的被申请方欧盟理事会以及有关成员国（西班牙、法国、荷兰、丹麦、瑞典、英国）虽然没有对欧盟法院的管辖权即审查共同外交与安全政策决议的权限提出异议，但是欧盟理事会、西班牙和英国均认为欧盟法院没有权利审查欧盟理事会的联合行动的有效性。其理由在于：欧盟委员会的诉求不成立，欧盟对有关国家的财政上的援助主要目的在于维护和平和安全，促进经济和社会发展仅仅是间接的目的；且欧共体在控制轻武器增加上并不具有权能，欧共体发展援助政策的目的在于减少贫困，而控制轻武器增加的目的在于维护和平和增强国际安全，这属于共同外交与安全政策的范畴。同时，就欧共体的权能而言，欧盟理事会和英国主张，发展合作政策属于与成员国共享权能的范畴，既然是共享权能，就说明欧共体在该领域没有优先执行权，成员国有权在欧共体机制外自由行动。

3. 案件的分析

（1）首席辩护人 Mengozzi 的观点。

首先，就欧盟法院的管辖权而言，首席辩护人 Mengozzi 对欧盟法院的管辖权没有提出异议，他重点分析了欧盟委员会关于 2002 年的联合行动无效的诉求是否合法。为证明其观点，首席辩护人 Mengozzi 认为需要证明两个问题：一是具有特权的申请人是否有权申请；二是是否有权申请共同外交与安全政策联合行动无效。就第一个问题，他指出《欧洲共同体条约》第 241 条赋予具有特权的申请人有权对具有立法上普适性的一项规则的合法性提出异议。就第二个问题，他指出如果一个联合行动，具有欧盟法院判例法上的普适性，类似于《欧洲共同体条约》第 241 条规定的规则，则欧盟委员会有权对欧盟理事会的权力提出质疑；相反，如果该联合行动仅仅是针对欧盟委员会的一项决议，则欧盟委员会无权质疑其合法性。经过分析，他认为欧盟理事会的该联合行动不是仅仅针对欧盟委员会的一项决议，具有立法上的普适性，因此，欧盟委员会有权对其合法性提出质疑。

关于对《尼斯条约》第47条的解释，首席辩护人 Mengozzi 强调欧盟法律体系的协调性、统一性和整体性。他认为不能把共同外交与安全政策法律规范与欧盟法律体系割裂开来。第47条的目的是防止欧共体的权能受到欧盟法律的侵犯，而不是否认欧盟成员国在该领域单独或集体行动的对外能力。因此，关键问题在于ECOWAS决议是否侵犯了欧共体的权能。首席辩护人 Mengozzi 分析ECOWAS决议通过提供财政和技术援助的方式，其主要目的在于维护和平和增强国际安全，属于《尼斯条约》第11条的范畴，因此，并没有侵犯第47条所规定的欧盟的权能。

（2）欧盟法院的观点。

第一，关于欧盟法院的管辖权，法院重申其在 *Airport Transit Visa* 案和在 *Environmental Criminal Law* 案中的观点，指出法院基于共同体法律的考虑，依照《尼斯条约》第46条第1款和第47条，对第二支柱和第三支柱中的措施有管辖权。法院首先分析其对ECOWAS案是否有管辖权。欧盟理事会基于《尼斯条约》第14条有关共同外交与安全政策的条款做出决议，依照第46条的规定，欧盟法院原来对共同外交与安全政策领域的决议没有管辖权。但欧盟委员会提出的无效申请的理由在于欧盟委员会认为欧盟理事会的行为具有法律效果，本应依据欧共体条约而做出，因而侵犯了欧共体的权能。因此，《尼斯条约》第47条使欧盟法院对该争议具备了管辖权。

第二，关于欧盟理事会的措施是否侵犯第47条的规定，欧盟委员会和欧洲议会的观点是：在欧共体和欧盟之间没有一个固定的权能划分界限。虽然在共享权能领域，成员国有权单独或联合在欧共体没有行使权能的情况下行动，这并不能表明欧盟同样有权采取类似的行动。依照《尼斯条约》第47条的规定，欧盟并不具备同样的共享权能。因此，不论欧共体在某一领域的权能是否排他，欧盟都不能侵犯条约赋予欧共体的权能。类似地，欧盟理事会的观点是第47条的目的是为了保证条约赋予欧共体和欧盟的权能之间的平衡，而不是为了通过损害欧盟权能的方式来保护欧共体的权能。因此，第47条并没有在欧共体和欧盟权能之间规定一个确定的标准。英国进一步指出，要确定欧盟权能是否侵犯第47条的规定，有必要确定欧共体是否在某一领域有权基于同样的目的和内容采取行动，以及确定欧盟的权能优先行使并阻止或限制了欧共体在该领域的权能。欧共体在发展合作政策领域的权能不具备上述特征。只要欧盟理事会采取的共同外交与安全政策措施侵犯了共同体的权能，不管这种权能是排他的抑或共享的，都是对《尼斯条约》第47条的侵犯。

为确定是否侵犯欧盟权能，法院分析了如下问题：第47条的适用问题；关于欧共体发展合作政策以及共同外交与安全政策的界定；2004年决议的目的和内容。

关于第47条的适用，法院认为第47条的功能在于维护欧共体法律。欧共体权能的性质与欧共体的权能是否受到侵犯无关。如果一项第二支柱或第三支柱领域的措施的条款，如果其主要目的是执行《欧洲共同体条约》赋予的政策，则法院应该认定第二支柱或第三支柱的措施侵犯了第47条的规定，而不论有关的欧共体权能的性质如何。

关于欧共体发展合作政策与共同外交与安全政策的界定，法院首先分析了欧共体发展合作政策的目标：该政策不仅强调有关国家经济和社会的可持续发展、消除贫困，平稳地融入世界经济，而且强调有关国家的民主和法治的稳定、尊重联合国与其他国际组织有关条款规定的人权和基本自由。法院还援引欧盟成员国政府代表与欧盟理事会通过欧盟理事会、欧盟委员会和欧洲议会发表的《欧盟发展联合声明》指出，没有和平与安全，就无法实现经济的可持续发展并消除贫困，欧共体发展政策目标的实现离不开对民主的促进和对人权的尊重。欧盟法院在分析了争议决议的目的和内容后，认定该争议既属于发展援助政策的范畴，又属于共同外交与安全政策范畴，两者互不附属，具有同等重要的地位。它首先分析欧共体发展援助政策的目标和范围以及以往的判例，指出控制轻武器增加有利于消除发展中国家经济和社会发展中的各种障碍。但是，如果一个措施的主要目的在于执行共同外交与安全政策，尽管该措施有利于发展中国家的经济与社会发展，也不应属于欧共体发展援助政策的范畴。但是欧盟共同外交与安全政策的任何条款并没有为下列情况提供法律基础：如果一个措施同时含有多个目的或含有多个因素，既属于发展合作政策的范畴又属于共同外交与安全政策范畴，并且互相不附属。依照《尼斯条约》第47的规定，共同体法律应该受到保护。

关于分析2004年决议的目的和内容，法院指出就该决议的目的而言，既需要在共同外交与安全政策机制下执行，又需要在共同体机制下执行；既有维护和平、增加国际安全的目的，又有减少和消除发展中国家经济和社会发展障碍的目的，并且两个目的互相不附属；就该决议的内容而言，提供基金以为发展中国家提供技术上的协助并起草有关条约的行动，既属于发展合作政策的范畴又属于共同外交与安全政策范畴。因此，欧盟理事会的决议违反了第47条的规定。第47条的规定旨在保护共同体法。法院还指出，对于含有多个目的的措施或行动，如果其中一个目的是主要目的，其他目的附属于该目的，则行动应依据主要目的确定法律基础；如果含有多个目的的行动，各个目的彼此互不附属，则该行动应具有多个法律基础。但是如果一个行动属于跨支柱的范畴，具有跨支柱的目的，则依照第47条，应首先保护共同体法所体现的目的。

英国对此提出反驳意见，指出第47条只能在同时满足下列两个条件下才存在：欧共体有权采取争议的行动；欧盟的决议阻止或限制欧共体有关权能的行使，较之欧共体的权能具有优先权。而事实上，欧共体在发展援助政策领域的权能是与成员国并行的、共享的，欧共体在该领域的权能不具有优先权。英国的出发点在于欧共体与成员国之间纵向权能的分配，即欧共体的内部权能越多，欧共体的外部权能就越排他，因为欧共体的内部权能往往容易受到成员国对外行动的影响。就横向而言，只有在欧共体行使了某一领域的权能，并且行使权能的欧共体决议受到欧盟成员国在共同外交与安全政策机制下的行动的影响，才存在欧共体权能受到侵犯的问题，因此欧共体权能与共同外交与安全政策权能之间的划分是动态的。① 欧盟法院否定了英国的主张，认为欧共体的权能是否受到侵犯不是取决于欧共体具有何种性质的权能（排他、共享或补充），而是取决于欧共体是否具有权能。也就是说只要欧共体有权行使某一领域的权能，就具备了在该领域执行行动的法律基础。至于该领域权能的性质，即排他、共享或补充，只是权能行使的方式或表现。因此，在 ECOWAS 案中，欧共体和欧盟的权能并存且地位平等。

第三，关于违法性的请求（plea of illegality），依照《尼斯条约》第 35 条第 6 款的规定，欧盟委员会或成员国有权在一项措施实施2 个月内对该措施依据的框架性决定以违背条约规定、违背法治原则、违背基本的程序要求、违背权能等理由，向欧盟法院提出申请，欧盟法院对框架性决议或行动决议有管辖权。因此，欧盟委员会有权在 2 个月内对欧盟理事会的 2002/589/CFSP 联合行动决议提出无效申请。但欧盟委员会没有提出申请，而是在 ECOWAS 案中，在主张欧盟理事会 2004/833/CFSP 决议无效的同时，主张2002/589/CFSP 联合行动决议无效，欧盟法院有权驳回欧盟委员会的 2002/589/CFSP 联合行动决议具有违法性的申请。

第四，关于先决问题，除了欧共体决议的无效裁定以及违法性的诉求外，欧盟法院还面临一些先决问题的裁定，即第二支柱和第三支柱行动的有效性问题。成员国法院会对第二支柱或第三支柱中的行为是否有效做出预先裁决，或成员国国内法官也许会认为《欧洲共同体条约》是否第二支柱或第三支柱行动的法律基础。在这种情况下，欧盟法院也具有管辖权。

第五，关于跨支柱法律基础的选择标准。客观标准的主要步骤

---

① See ERTA Doctrine in Opinion 1/03 [2006] ECR I-1145 ("Lugano Convention").

是第一步详细分析争议行为的主要目的、主要内容，分析和确定有关决议的"最重要"（center of gravity）的内容和目的。第二步分析和解释当事方提出的作为法律基础的条约有关条款的内容和目的。分析后果有三种可能性：若决议的最重要方面属于法律基础 A 的权能范畴，则决议应属于单一的法律基础，无论附属方面或非重要方面是否属于法律基础 B 的范畴；若争议具有双重目的和内容，但其中一个是主要目的，另一个具有附属性，则争议应以单一的法律基础为依据；若争议具有多重目的，彼此互不附属，且地位同等，并且属于不同的支柱范畴，则有关措施应以多重法律基础为依据。但是欧盟法院在 *Titanium Dioxide* 案中提出了例外情况，即如果两个法律基础具有不同的决策程序且互不协调，则不能采用双重法律基础。

从法院的裁决和分析可以看出，引用《尼斯条约》第 47 条以保护共同体法的门槛十分低。反之，在实践中，由于共同外交与安全政策的范畴十分广泛，几乎涉及外交与安全领域的所有内容，因此与欧共体法律体系中某些政策的目的和内容重合或交叉的可能性很大。第 47 条的宗旨在于保护共同体法免受共同外交与安全政策或第三支柱的破坏，可实际情况却是共同外交与安全政策以及第三支柱常常受到共同体权能的"围攻"。一项行动既有共同外交的目的和内容，又有共同体的目的和内容，两者采用不同的决策规则程序，第 47 条的广义解释导致将共同体措施和欧盟的措施区分开来，这也使欧盟对外行动的一致性很难维护。

第二节　《里斯本条约》下欧盟法院的司法监督

一、《里斯本条约》与欧盟法院的新发展

《里斯本条约》对欧盟法院做出了很多根本性改革。

首先，《里斯本条约》将法院的名称改为"欧洲联盟法院"（Court of Justice of the European Union），整合了欧洲联盟现存的所有司法机构，包括欧洲法院（Court of Justice）、普通法院（General

Court，其前身为 Court of First Instance）和欧盟公务员法庭（Civil Service Tribunal）。这个新命名结束了前欧盟司法机构在名称上的混乱。在《里斯本条约》生效之前，Court of Justice 既指各个共同体的共同的司法机构——欧洲法院，又指在政策与刑事司法合作领域具有管辖权的欧盟的最高司法机构——欧盟法院。General Court（普通法院）也取代了原来的 Court of First Instance（原讼法院）的称法。《里斯本条约》框架下欧盟法院作为欧洲联盟的唯一司法机构，其与各个欧盟成员国的内国法院合作，确保欧盟法律在欧盟各成员国中有统一的解释和适用，确保各国遵守其基于条约而来的义务，并监督欧盟各机构的行为是否违反欧盟法律。

其次，对《里斯本条约》框架下欧盟法院的管辖权做出修改。欧盟法院将对欧盟有关自由、安全与正义领域事项享有司法管辖权。在共同外交与安全政策领域，欧盟法院的管辖权仍旧原则上被排除，但是《欧洲联盟运行条约》第 275 条 及《欧洲联盟条约》（Lisbon）第 24 条第 1 款规定欧盟法院对如下事项具有管辖权：（1）确保共同外交与安全政策领域的措施和程序不侵犯欧盟在其他领域的权能，反之亦然；（2）对自然人的限制性措施的无效有管辖权；对国际条约是否与《欧洲联盟运行条约》第 218 条第 11 款相协调享有管辖权。①

再次，《里斯本条约》对欧盟法院一些程序上事项做出修改。例如，宣告无效的程序、违反程序和判决执行程序、预备裁定等。

二、对共同外交与安全政策的司法监督

回顾《里斯本条约》，欧盟法院的裁决在如下方面值得进一步思考：

第一，成员国在共同体框架外采取的行动被宣布无效后的后果如何有待思考。《欧洲联盟运行条约》第 40 条对共同外交与安全政策与共同体法给予平等的保护。事实上，早在 *PNR* 案中，

_____

① See Ricardo Alonso Garcia, *Lisbon and the Court of Justice of the European Union*, Working Papers on European Law and Regional Integration, 2010.

欧盟法院已具备了此类管辖权。依照特别法优于一般法原则解决因此而产生的冲突。欧盟法院在共同外交与安全政策领域原则上排除管辖权，欧洲理事会、欧盟理事会以及高级代表在该领域的决议，欧盟法院无权管辖，这不利于对欧盟在该领域的行动提供法律上的保护，例如，《里斯本条约》扩大了欧盟军事行动的范围，也引发了一系列如合同外责任、人权保护和国际刑法等问题。

依照《里斯本条约》，欧盟法院在该领域的管辖权具有两个例外：一是依照《欧洲联盟运行条约》第275条和第215条第2款的规定，欧盟法院对自然人、法人和非国家实体采取的制裁有管辖权，Kadi 案就是一个典型的例子；二是对《欧洲联盟条约》(Lisbon)第40条有管辖权。随着欧盟理事会、欧盟委员会的权力增加，以及高级代表的多重身份的设定，欧盟内部机构间的职能的冲突不可避免，欧盟法院充当宪法上的仲裁人的角色，协调机构之间的冲突，确定有关行动的法律基础不可或缺。①

《欧洲联盟运行条约》第275条规定，欧盟法院对共同外交与安全政策条款以及行动没有管辖权，但是同一条规定，欧盟法院对是否违反《欧洲联盟条约》(Lisbon)第40条的规定有审查权。《欧洲联盟条约》(Lisbon)第40条规定共同外交与安全政策的执行不得影响《欧洲联盟运行条约》第3～6条赋予欧盟机构行使有关欧盟权能的权力和程序。其中的权能包括欧盟的排他性、共享性和补充性权能。反之，《欧洲联盟运行条约》中规定的欧盟有关权能的行使也不得侵犯欧盟在共同外交与安全政策领域的权能。

第二，欧盟法院确认 ECOWAS 案采用两个法律基础——欧共体发展与合作政策以及共同外交与安全政策。但是，两个法律基础具有不同的性质。如果两个法律基础可以分开，最适当的方式就是将两个法律基础分别置于不同的权能下分别执行。一部分通过欧共体的规则依照《欧洲共同体条约》第179条执行，另一部分通过欧

---

① Rene Barents, *The Court of Justice after the Treaty of Lisbon*, *Common Market Law Review*, Vol. 47, 2010, pp. 709-728.

盟决议或联合行动依照《欧洲联盟条约》(Lisbon)第 14 条来执行。如果两个法律基础无法分开来分别执行，则只能采用其中的一个。依照《尼斯条约》第 47 条的规定，应该采取欧共体的法律基础。① 其理由在于：首先，就欧共体与欧盟的权能的特点而言，它们是密切关联又彼此分割的两个法律体系，具有不同的特征，欧共体法律体系优于成员国法律体系，且在成员国有直接适用和执行的效力，而共同外交与安全政策法律体系则没有这种特点；其次，就法律机制而言，欧共体法律机制主要有规则、指令和决议，均具有法律效力，而共同外交与安全政策的法律机制主要是以共同策略、共同立场和联合行动为代表的决议，不具有立法性效力；再次，就决策程序而言，原则上，第一支柱的决策程序主要以共同决定为主，欧洲议会发挥重要作用，而共同外交与安全政策的决策程序主要以全体一致同意为主，欧洲议会几乎没有决策权；最后，就欧盟法院的管辖权而言，欧盟法院在第一支柱中具有全面的管辖权，而在第二支柱中原则上排除欧盟法院的管辖。上述几个特征综合起来，导致在一项行动中不可能同时以欧共体和欧盟共同外交与安全政策两个法律基础为依据。

第三，法院的判决引发了欧盟共同外交与安全政策及欧共体政策一致性问题。② 法院倾向于取消共同外交与安全政策的有效性。在含有多种目的和内容的措施中，法院倾向于分析措施的"主要目的"，也就是暗示如果一个措施的主要目的是以共同外交与安全政策为内容的，附加目的是以欧共体政策内容的，也是允许和可能的。这与法院上述立场自相矛盾。在实践中，大多数的共同外交与安全政策措施往往含有商业、发展和人道主义援助等内容，很难不触碰共同体的内容。

---

① Ronald van Ooik, *Cross-Pillar Litigation Before the ECJ: Demarcation of Community and Union Competences*, European Constitutional Law Review, Vol. 4, 2008, pp. 399-419.

② See Dominik Eisenhut, *Delimitation of EU-Competences under the First and Second Pillar: A View between ECOWAS and the Treaty of Lisbon*, German Law Journal, Vol. 10, No. 5, 2009, pp. 585-603.

第四，欧盟法院的判决没有对第一支柱与第二支柱之间权能划分做出明确规定，但却指出欧盟成员国在欧共体共享权能领域有权单独或联合行动，但是如果不在欧共体机制下活动，欧盟成员国就应完全脱离欧盟而行动。言外之意即在共享权能领域的事项，欧盟成员国有权在欧共体机制外行动，但是不能基于共同外交与安全政策条款活动。这种分析的出发点不是为了限制成员国的国家主权，而是为了避免欧盟理事会的行动侵犯欧共体的权能。

《里斯本条约》规定欧盟具备独立的法律人格，建立在法治的基础上，法治原则的确立是欧盟独立的司法体系和司法审查权的前提条件。①

在 ECOWAS 案中，法官指出欧盟有关禁止西非轻武器扩散的行动不应同时属于共同外交与安全政策和欧盟发展合作政策范畴，但是依照《欧洲联盟条约》(Lisbon)第 47 条的规定，出于对共同体法律体系的保护，欧盟法院对共同外交与安全政策做兜底性限制解释，将其归为发展合作政策范畴。

《欧洲联盟条约》(Lisbon)第 40 条将欧共体法律体系与欧盟共同外交与安全政策置于同等地位，受平等的保护，彼此不能侵犯。这一规定对于确保欧盟法律体系的统一以及确立共同外交与安全政策在欧盟对外政策中的平等地位具有重要意义，然而，第 40 条的平等保护在具有政治意义的同时却导致法律上的复杂化。

其中的重要问题之一就是共同外交与安全政策与其他对外行动没有清楚的界定标准。欧盟法院采取传统的"重力中心标准"(center of gravity test)来确定对外行动的法律基础。通过确定有关措施的目的和内容，尤其是首要的目标来确定该措施的法律基础。如果一项措施同时含有多个目的，则占主导性地位的目的将吸收其他次要或从属性目的。但由于欧盟对外政策的重叠性与交叉性，这种目的与内容的重力中心标准很难将欧盟共同外交与安全政策权能与其他权能区分开来。尤其是《欧洲联盟条约》(Lisbon)第 21 条统

---

① G. De Baere, *Constitutional Principles of EU External Relations*, Oxford University Press, 2008, p. 176.

一规定欧盟对外政策的目标，并且第 23 条还专门规定共同外交与安全政策的行动将遵循欧盟对外政策一般原则与目标，从而使共同外交与安全政策失去其特有的目标，也使重力中心标准的运用更加困难。然而，依《欧洲联盟运行条约》第 218 条的规定，在缔结国际条约时，若条约完全或主要涉及共同外交与安全政策领域，则高级代表应该向欧盟理事会提交有关建议。在确定某一国际条约是否完全或主要涉及共同外交与安全政策领域时，通过分析国际条约的目的与内容来确定是必要的。

为解决上述问题，有必要将共同外交与安全政策视为普通法（lex generalis），即当某一行动不是依据一个特别条款（lex specialis），而是依据一般条款来采取时，应适用一般法，否则，特别法优于普通法。① 但是这种分析也将共同外交与安全政策权能置于有限的兜底类别中，很难将《欧洲联盟条约》（Lisbon）第 40 条的本意落到实处。因此，分析欧盟共同外交与安全行动的特殊本质，尤其共同外交领域无权采取立法性行动，将是区别的关键所在。不能采取立法性行动并不是说欧盟共同外交与安全政策领域的行动不具有法律效力。例如，对自然人或法人的限制性措施具有法律效力但不是立法性行动。总之，法院目前没有一个完美的界定共同外交与安全政策权能及其他权能的标准。基于国际关系的复杂性和相互依存性，确定一个固定不变的标准也是不可能且不现实的。当然，有关措施和行动的目的和内容、考虑欧盟对外行动的一致性以及机构间协调是重要的考量因素。②

总之，为确定欧盟法院司法管辖范围，可以考虑下列标准：（1）考虑欧盟条约所确立的机构间的权能分配。例如，《里斯本条约》原则上排除欧盟法院在共同外交与安全政策领域的管辖权。

① Cremona, *Defining Competence in EU External Relations*: *Lessons From the Treaty Reform Process*, in Dashwood and Maresceau eds., *Law and Practice of EU External Relations*, Cambridge University Press, 2008, p. 46.

② Peter Van Elsuwege, *Law versus Politics*: *the Limits of Judicial Review in EU External Relations*, 2010, p. 10.

（2）在欧盟法院具有管辖权的对外政策领域，当需要权衡不同的利益与政策时，法院有必要严格行使管辖权。（3）出于对人权和法治原则的尊重，当欧盟对外政策决议影响个人权利时，法院有必要行使司法保护和救济。

第五章 共同外交与安全政策的实践

第一节 各时期共同外交与安全政策实践

一、冷战后共同外交与安全政策实践

冷战结束后，为扩大影响力和提高一体化水平，欧盟开始了在政治军事领域一体化的步伐，特别是海湾战争、前南斯拉夫地区冲突等一系列国际危机带给欧盟深刻的启示，促使其进一步发展和完善了一整套安全政策机制，涉及从传统安全到非传统安全的广大领域，建立了从信任措施、冲突预防、危机管理、维持和平到建设和平的一系列安全任务。

欧洲一体化起源于"二战"后欧洲所面临的内外交困的局面。冷战结束后，欧洲安全环境发生了根本性改变。国际社会总体上呈现和平态势，但欧洲周边地区的不稳定因素仍旧存在，各类国际危机频频发生，欧洲国家普遍认为应该更新欧洲安全结构以适应新的安全形势，从而确保欧盟利益并彰显其国际影响力。同时，各类国际危机的复杂和严峻程度也迫使欧盟对共同外交与安全政策不断做出调整和完善，以强化其执行能力。① 危机管理是指组织或个人通过危机监测、危机预控、危机决策和危机处理，从而避免和减少危机产生的危害，甚至将危机转化为机会的过程。② 欧盟管理国际危

---

① 罗志刚、严双伍主编：《欧洲一体化进程中的政治建设——国际关系的新建构》，人民出版社 2009 年版，第 173 页。

② 郑启荣主编：《全球视野下的欧盟共同外交与安全政策》，世界知识出版社 2008 年版，第 196 页。

机的过程也是检验和完善其对外行动能力的过程。

科索沃危机是冷战后发生的重大国际事件。欧盟共同外交与安全政策应对科索沃危机的措施既包括经济上暂停对前南斯拉夫的出口信贷，冻结南联盟和塞尔维亚政府的资金，也包括政治上对屠杀事件进行谴责、派出联络小组参与调停科索沃冲突、主持会议调停科索沃危机、就禁止向南联盟提供和出售石油及石油产品达成共同立场等。尽管欧盟在调停危机和科索沃战后重建上有突出的表现，但欧盟的调解并没有阻止战争的爆发，这反映出欧盟共同外交与安全政策的行动能力低下，各成员国无法就重大政治问题采取共同立场，并且失去了战争的支配权。在科索沃危机中，美国提供了80%以上的飞机以及几乎全部确定轰击目标的情报资源，而欧盟成员国只负责收拾残局，提供军事基地和部分补给，欧洲防务开支为美国的60%，而其军事行动能力只及美国的10%。①

科索沃危机后，美国在危机处理过程中的霸权式领导让欧盟国家普遍认识到成立安全架构的重要性，随后欧盟首脑科隆峰会决定建立欧盟自己的危机反应部队。1999年12月，欧盟理事会赫尔辛基会议标志着欧洲安全与防务政策的形成，把提高欧盟军事能力作为欧洲安全与防务政策的首要目标。为了取得军事行动能力，欧盟还制定了一系列可以采用军事武力的任务，如人道救援任务、维护和平、缔造和平和危机管理等。

二、"9·11"事件后欧盟共同外交与安全政策实践

"9·11"事件后，世界安全的主要威胁来自恐怖主义的袭击。欧盟国家也遭到多次恐怖袭击。对此，欧盟共同外交与安全政策将重点放在了自身防务以及对外安全合作等事务上，具体措施体现在对内通过成员国之间的司法合作，如重点打击跨国刑事犯罪、简化引渡手段，进行紧急跨境追捕、犯罪记录的欧洲登记等合作，共享和交流反恐情报并打击洗钱等犯罪活动以切断恐怖分子的资金源

① 郑启荣主编：《全球视野下的欧盟共同外交与安全政策》，世界知识出版社2008年版，第153页。

头，对外积极支持联合国的反恐条约和文件，开展以联合国为领导的反恐活动，并通过对第三世界国家经济、民主、人权的支援从根本上解决恐怖主义滋生的根源。总之，欧盟共同外交与安全政策下的反恐政策强调各成员国的司法合作、重视多边外交和国际组织的作用，并将反恐政策与冲突预防、危机管理等活动联系起来，有利于欧盟成员国对外采取一致行动并增强行动能力，欧盟共同外交与安全政策在反恐实践中取得了一定的成果。

然而，这些成果在 2003 年美国发动伊拉克战争前后并没有得到巩固。2001 年小布什政府上台后极力推行单边主义，无视盟国和国际社会的利益关切，在"先发制人"（pre-emption）战略的指导下，2003 年 3 月 20 日，美、英绕开联合国对伊拉克实施军事打击。欧盟各成员国无法就是否出兵达成共同立场，甚至形成严重分歧，共同外交与安全政策再次遭遇重大挑战与考验。一方面，英国、西班牙和意大利等国不仅坚定地支持美国出兵伊拉克，甚至派兵助战，而以法国和德国为首的反战派则坚决反对美国出兵，主张寻求政治解决方法，法国甚至威胁要在安理会上使用否决权来阻止美国对伊拉克采取军事行动。伊拉克战争发动后，已经诞生十余年的欧盟共同外交与安全政策不仅没能协调欧盟各成员国的立场，甚至因为欧盟内部的裂痕不断扩大而受到沉重打击。战争的爆发暴露了欧盟共同外交与安全政策的局限性，也使欧盟国家认识到欧美利益并不完全一致，只有强化欧盟自身的共同外交与安全政策，才能增强其在国际事务中的发言权。

三、《里斯本条约》后共同外交与安全政策实践

伊拉克战争后，欧盟在危机处理和维和方面采取了一系列行动，包括向刚果（金）派出维和部队，对非洲联盟在达尔富尔的维和活动大力支持，正式接替北约在波黑的维和任务，向印度尼西亚派出监督团，对政府和反政府武装执行和平协议进行监督等。这些行动增强了欧盟内部成员国的凝聚力和同一性，为《里斯本条约》的改革打下了良好的基础。

《里斯本条约》生效之后，欧盟成员国赋予欧盟以明确的法律主体资格，取消三大支柱的划分，改革欧盟的领导与执行机制，这些都体现了欧盟在增强对外行动能力上的信心与决心。此外，《里斯本条约》发展和完善了欧盟的安全政策机制，建立了从信任措施、冲突预防、危机管理、打击恐怖主义、维持和平到建设和平等一系列安全措施。

在实践中，利比亚危机是《里斯本条约》生效以来共同外交与安全政策面临的首次较大考验。随着法国战机导弹划破利比亚夜空，由法、英等欧洲国家牵头的军事干预利比亚的行动也拉开序幕。然而，不断对外宣称谋求"用一个声音说话"的欧盟，却在此次北非、中东危机中表现得十分"低调"。几场有关北非、中东局势的国际性会议均由成员国牵头组织，欧洲理事会虽就呼吁利比亚领导人卡扎菲下台达成一致，但未能就如何平息北非、中东局势拿出一揽子计划。欧盟外交与安全政策高级代表兼欧盟委员会副主席阿什顿虽就利比亚局势发表了一份非常简短的声明，但其内容主要是呼吁卡扎菲停止对民众使用暴力。欧盟既不是一个民族国家，也不是一个简单的国际组织，尽管欧盟成员国军事人员总数超过美国，但欧盟本身没有军事力量，即使是已基本成建制的欧洲快速反应部队，其实并不是欧盟常备军，而是由成员国在"自愿"基础上使用，平时驻扎在各自国内，只在需要时才临时集结，这使得欧盟共同外交与安全政策天然缺乏军事硬实力的支撑。欧盟共同外交与安全政策是欧盟所有政策领域中政府间合作色彩最浓、制定共同政策难度最大的领域。欧盟在该领域的"联合行动"和"共同立场"原则上仍须由理事会以全体一致原则表决通过，只在某些特殊情况下适用有效多数表决机制。28个成员国下一盘棋的结果必然是"议而不决，决而不断"。在设置利比亚禁飞区问题上，欧盟内部存在明显分歧就是明显的例子。此外，成员国将欧盟对外行动署的人选视为自身在欧盟中的地位象征，并借此希望本国利益得以在欧盟外交中得到体现甚至最大化。因此围绕职位的内耗使得欧盟外交行动署虽于 2010 年 7 月成立，但至今很多重要职位人选仍未确定。① 特别需要指出的是，欧盟的"低调"并不意味着欧盟最终就能置身世外。北非危机暴露出欧盟"后现代性"与成员国"现代性"两者间的巨大冲突，也揭示出欧盟共同外交与安全政策的未来发展仍旧有诸多现实障碍。

总之，冷战后以来，欧盟共同外交与安全政策的实践总体上是前进的，欧盟共同外交与安全政策框架下的民事危机管理、维和、反恐合作等实践都取得了很大的进步。但在一些重大国际危机中，由于成员国国家利益的差异，又呈现出分歧甚至后退的态势。这种现象的发生是不可避免的，也是可以理解的，毕竟对于一个成员不断扩大的超国家组织而言，要实现对外行动的一致性需要一个漫长的妥协、融合和反复的过程。

第二节　共同外交与安全政策与欧盟对华政策

一、共同外交与安全政策下欧盟对华政策

自 1975 年中国与欧共体建立外交关系以来，中欧关系取得了长足的进展，尤其是 1995 年欧盟通过了有史以来第一份全面对华政策文件使双方的关系发生了质的飞跃。中欧关系的定位从"长期稳定的建设性伙伴关系"上升为"全面战略伙伴关系"。在 2003 年中欧第六次峰会中，中欧宣布建立"全面战略伙伴关系"，此后中欧在经济、贸易、科技、教育、旅游观光、体育等方面开展全方位的合作，其中磁悬浮列车、空客飞机和核电站等项目成为中欧合作的标志性项目。

在欧盟共同外交与安全政策框架下，中欧也通过政治对话、人权对话等方式开展交流。除欧盟执委会与中国高层的政治对话外，还有每年两次的部长级对话、欧盟轮值主席国外长和中国驻

---

① 参见余翔：《欧盟共同外交应在北非危机有作为》，载中国评论网，2011 年 3 月 26 日访问。

该国大使的会议、欧盟驻北京大使和中国外长的会议等各个层次的对话。中欧的人权对话也每年举行两次，1998 年欧盟外长一致同意放弃在人权问题上与中国对抗的政策，表示在联合国人权会议上，欧盟及单个成员国均不再提出也不再支持谴责中国人权记录的决议案。

但中欧关系近 40 年的发展并非一帆风顺，期间也经历过反复和波折。例如 1989 年春夏之交的政治风波后，欧盟成员国首脑在马德里峰会上通过了对华制裁的《对华声明》，决定冻结对华关系，并对中国采取包括暂停双边部长级及高层接触，中断共同体成员国与中国的军事合作，实行对华武器禁运等制裁措施，中欧关系出现低谷。但这一局面很快得到扭转，1992 年中欧关系恢复正常，只是欧盟 12 国仍维持禁止向中国出售武器的措施。此外，欧洲的保护主义重新抬头且手段更加隐蔽。伴随着欧债危机的恶化，隐性保护主义、绿色壁垒、反倾销措施正替代关税壁垒、配额等传统贸易保护措施，其中新兴经济体已经成为重点打击对象，中国是欧盟保护主义最直接的受害者。

总的来说，回顾近年来中欧关系的发展历程，中欧关系的发展总体上是平稳推进的，双方关系不会轻易因为单方或双方暂时或局部的利益冲突而大起大落，也不会因为欧盟内部的分歧和矛盾而止步不前，贸易摩擦和武器禁运只是中欧关系中很小的一部分，这种全面战略伙伴关系有能力接受暂时的波折和考验，走向日趋成熟和稳定的未来。

二、中欧关系面临的新挑战与中国的应对

（一）中欧关系面临的新挑战

自欧债危机爆发以来，中欧关系面临了一些前所未有的新挑战，具体体现在如下几个方面：首先，欧洲知识精英开始重新审视中欧关系，对中欧"全面战略伙伴关系"提出质疑，认为欧盟之前的对华政策是"无条件的接触"，即让中国在与欧盟的贸易合作中获取所有的经济和其他利益而很少要求回报，这种做法已经不再适应当前的形势。① 其次，《里斯本条约》扩大了欧洲议会在共同外交与安全政策中的作用。而由于意识形态和政治制度的差异，欧洲议会在对华政策中仍旧有很深的意识形态导向。再次，中欧关系的发展在新的形势下缺乏足够的法律基础。10 年前，中欧建立全面战略伙伴关系时，中国的经济还刚刚起步，欧盟与中国发展关系的法律基础是《中华人民共和国与欧洲经济共同体贸易和经济合作协定》，欧盟对华贸易顺差。但 10 年后的今天，中国正在逐步崛起，而欧盟却面临欧债危机的影响，现在再适用原来的法律基础显然不恰当。此外，近年来，中欧在气候问题、非洲问题和伊朗核问题上产生很多分歧，这也客观上影响了双方之间的战略互信。从全球的视角看，美欧跨大西洋联盟的新发展也对中欧关系产生影响。可以说，10 年前，中欧建立全面战略伙伴关系时，正是美欧关系和战略互信的低谷期，跨大西洋关系的低谷造就了中欧关系的"蜜月"，但自 2006 年起美欧关系明显好转，双方在民主、人权、自由等方面具有共同的价值追求，这对建立在不同价值观基础之上，强调友好相处、合作共赢的中欧关系提出了巨大挑战。

（二）中国的应对

首先，中国应该承认中欧关系复杂化的现实，对中欧之间的矛盾冲突进行分类处理，进一步深化和拓展合作。② 首先，中欧关系复杂化的现实在短期内不会得到解决，因此，中国应该保持淡定和坚定的心态，认识到尽管中欧出现这样或那样的摩擦和问题，但合作是主流的。同时，对中欧之间的矛盾冲突进行分类处理，对于涉及中国国家核心利益的矛盾冲突，中国应坚持立场，决不妥协；对于并不涉及国家核心利益的摩擦和冲突，中国应该通过多层次的中欧对话机制巧妙化解。

其次，充分利用《里斯本条约》带来的新契机，与欧盟机构和

---

① 叶江：《中欧全面战略伙伴关系面临新挑战》，载《国际问题研究》2011 年第 3 期。

② 陈志敏：《新多级伙伴世界中的中欧关系》，载《欧洲研究》2010 年第 1 期。

欧盟成员国进一步发展合作与对话。在欧盟机构层面，要重视欧洲议会的作用，通过广泛交流与合作应对对华的不友好因素。《里斯本条约》规定欧洲议会拥有对欧盟委员会主席的选择与任命的权力，并可利用其制定预算的权力掌控欧洲对外行动署的活动，议会还拥有修改条约的提议权。这表明欧洲议会将对欧盟的外交政策，包括对华政策产生越来越大的影响。而欧洲议会对华态度历来强硬，曾多次指责中国人权问题，并将其同经贸政策相联系。尽管欧洲议会的批评并不等同于政府政策，但往往能反映一种舆论倾向。并且在与中国的伙伴关系中，欧盟在每个政策文件中都提出中国在转型中应建立民主和法制并尊重人权的要求。因此中国应积极重视欧洲议会对欧盟对华政策的影响，通过广泛开展政治对话和社会交流，深化双边合作领域以增加欧洲民众对中国的好感。在成员国层面，注重发展与成员国之间的关系，在成员国全体一致同意难以实现时，寻求与部分国家优先合作。中欧关系表现出经济、政治发展不平衡的状况，这一方面有意识形态、政治体制和发展程度的原因，更重要的是与欧盟这一兼具超国家和政府间特性的国家联合体的政治制度设计有关。欧盟机构在外交政策领域权力有限，尽管《里斯本条约》对其外交政策进行整合并设立高级代表进行统一协调，但诸如共同外交和安全政策等领域，成员国依旧占据主导地位，一致同意的表决方式使得这一主导权并非掌握在个别大国中，而是需要全体成员国的协商一致。因此面对制约中欧关系发展的瓶颈，尽管双方都有解决问题的意愿，但却难以有令人满意的表现。《里斯本条约》将"加强合作"适用于外交和安全领域，因此这似乎也为突破欧盟国家对华制裁找到了一个着力点。同时，成员国数量的增加也意味着成员各方协调日益困难，表现在对华政策上，成员国基于自身利益有着不同的关注重点和政策偏好。大国为了更好地解决自己所关注的问题，往往绕过欧盟而与中国单独达成协议，欧盟成员国态度的分歧也促进了中国与部分欧盟成员国优先发展互利关系。这也表明与欧盟对外交往时，必须重视成员国力量，尽管也不能忽视欧盟机构的作用。

再次，积极开展公共外交，通过促进媒体之间的交流、建立孔子学院、互派访问学者和学生等多种方式增进中欧民间的相互交流与理解，消除欧洲民众对中国的误解，为中欧未来全面发展关系奠定民间基础。

总之，中欧关系的发展道路总体上是平坦的、发展潜力是巨大的、发展前景是广阔的。保持中欧关系发展的良好势头有赖于双方根据新形势对自身、对方及中欧关系未来发展的目标和趋势重新做出客观、清醒、理智的评估和定位。面对新的机遇和挑战，既不夸大其辞又不能轻视懈怠。① 中欧既要不断提高双边合作的层次和水平，又要在多边合作中不断拓宽领域，深化合作，积极探索有效合作的新方式，开创全面战略伙伴关系的新局面。

---

① 张恩煜：《中欧全面战略伙伴关系的现状和前景》，载《山东师范大学学报》2011 年第 56 卷第 6 期。

结　语

一、欧盟共同外交与安全政策发展的现实障碍

《里斯本条约》从法律属性上明确赋予了欧盟以独立的国际法人格；从体系上废除了原有条约三大支柱的分类，统一规定欧盟对外政策的宗旨和目标；从机构设置上增设了欧洲理事会主席、欧盟外交与安全政策高级代表和欧洲对外行动署。这些举措对于增强欧盟对外政策的一致性和强化欧盟对外行动能力，完善和发展欧盟共同外交与安全政策法律机制都产生了重要影响。

但以应对利比亚危机为代表的欧盟共同外交与安全政策实践也凸现了欧盟共同外交与安全政策中的一些问题，揭示《里斯本条约》框架下欧盟共同外交与安全政策的未来发展仍将受到至少以下几个方面的制约：

第一，各行为体之间协调上的困难。为加强欧盟在对外政策领域行动与政策的一致性和连贯性，《里斯本条约》对共同外交与安全政策的制度框架做了重大改革，取消欧洲理事会轮值主席国制度，设立欧洲理事会常任主席职位；设立欧盟外交与安全政策高级代表，兼任欧盟委员会副主席，负责欧盟的外交机构。但这种对单一机制的强调容易使机构间相互形成壁垒，造成权限重叠并产生机构内部压力。由于受各机构的相互制约，且仍只能在各国政府的同意下开展活动，高级代表的权力有可能缩小到仅限于处理协调和行政的任务。高级代表一职设立在机构内和各机构间最容易产生冲突的领域，与欧洲理事会主席一起在各自领域内代表欧洲，但分工又不明确。高级代表同时兼任欧盟委员会副主席职位也带来高级代表与欧盟委员会之间的协调问题。欧共体的决策机制和共同外交与安

全政策在对外关系领域内的决策机制差异之大，无疑加大了具有双重身份的高级代表协调上述机构、履行上述机构职责的难度。此外，政治与安全委员会要同时接受欧盟理事会和高级代表的领导，在这两个机构的职责范围内工作，协调方面的困难不可避免。因此，在未来实践中，共同外交与安全政策的实施效力将可能受到各机构在政策运作过程中产生矛盾冲突的负面影响。

第二，欧盟共同外交与安全政策可援用的政策手段仍具有很大的局限性。在《马斯特里赫特条约》将灵活性机制引入到社会事务领域后，《阿姆斯特丹条约》又引入了强化合作的概念，但并未在欧共体对外政策或共同外交与安全政策支柱的现有结构中运用。《里斯本条约》在这方面取得了一些进展，重新确认了灵活性机制并将其引入到共同安全与防卫政策中。但共同外交与安全政策领域的强化合作程序仍由欧盟理事会全体一致的决定来审批，《里斯本条约》的有效多数表决机制应用范围的扩大尚未涉及这一领域。

第三，在经费预算方面，《里斯本条约》亦没有明显的突破，只是在紧急提案的经费支持上，即在民事或军事行动的经费方面引入了一个新规定，使其能很快与欧盟财政相挂钩。这种快速启动的资金来自成员国的捐款，欧洲理事会通过特定多数投票方式决定基金的建立、行政程序、监管，授权负责外交与安全事务的高级代表在需要的时候运用这一资金。欧洲议会原则上不可以完全参与预算与拨款程序，但有咨询权。因此，共同外交与安全政策机制面临的经费紧缺问题并没有得到根本解决。《里斯本条约》对预算经费程序的改革只不过是对机构间平衡的一些调整，对欧盟通过预算的能力影响不大，未能从根本上改变现状。共同外交与安全政策可使用的工具仍然仅限于通过总的行动纲领、表明立场、采取行动和落实行动的决议，以及加强成员国之间的系统性合作等方式来实现，法律保障和监督机制也还需要进一步健全。在对危机需要做出快速反应时须履行的法律机制也存在同样的问题。

第四，欧盟共同外交与安全政策的决策程序在效力上没有大的提高。《里斯本条约》表面上扩大了有效多数表决机制的运用范围，但欧洲议会不能在共同外交与安全政策领域通过立法条款，其做出的决定只能以全体一致的方式通过。当某个提案触及成员国的重大利益时，有效多数表决程序可启用紧急制动程序为成员国利益提供保护。

第五，《里斯本条约》在规范和约束成员国行为方面也没有取得实质性进展。在从欧洲政治合作发展到共同外交与安全政策的历程中，当成员国利益与对欧盟应承担的义务发生冲突时，不少成员国倾向于不履行对欧盟应承担的义务，并且能避免受到任何处罚。成员国的这种行为抵消了欧盟加强共同外交与安全政策的行为能力建设的努力。《里斯本条约》出台后，共同外交与安全政策在本质上对成员国自身的利益给予了更多的关注。"政府间"性质的欧洲理事会和欧盟理事会支配了共同外交与安全政策的决策过程。而"超国家"性质的欧盟委员会和欧洲议会仅发挥着次要和边缘的作用。

在司法监督方面，《里斯本条约》赋予欧洲法院对共同外交和安全政策司法管辖权的范围十分有限。

总结《里斯本条约》有关欧盟共同外交与安全政策的所有规定，可以发现现存的欧盟共同外交与安全政策法律机制的新发展和弊端对比如下：

内容	新发展	弊端
欧盟的法律地位	明确赋予欧盟法律人格	没有明确规定欧盟在共同外交与安全政策领域的权能；欧洲议会和欧盟法院的权限仍很小；欧盟在该领域没有立法权
体系上	去掉三大支柱的分类，统一欧盟对外政策的目标	但共同外交与安全政策领域仍旧遵循特殊的规则和程序，"隐性"支柱依旧存在
表决程序上	增加多数表决机制和建设性弃权的适用	具有"政府间"性质的全体一致同意仍是共同外交与安全政策领域的基本表决原则

内容	新发展	弊端
法律机制上	去除了原有条约有关联合行动、共同策略、共同立场的分类，统一采取欧盟"指导方针"和"决议"方式，以避免造成混淆	没有明确规定成员国在这一领域违背条约的制裁措施
机构设置上	设立欧盟共同外交与安全政策高级代表、欧洲对外行动署、外事委员会、欧洲理事会主席等职位，以增强欧盟对外政策的连贯性和一致性	各个职位或机构的权限不清、分工不明，甚至产生矛盾，在欧盟内部以及国际社会造成很大困惑
财政预算上	欧盟共同外交与安全政策的行动和财政上的开支有了保障，大多数行动将由欧盟财政支出，同时设立"绿色通道"和"紧急启动基金"为行动提供保障	欧洲议会在欧盟共同外交与安全政策的行动上原则上不参与预算与拨款，仅有质询权。对预算经费程序的改革只不过是对机构间平衡的调整，对欧盟通过预算的能力影响不大，未能从根本上解决欧盟共同外交与安全政策面临的经费紧缺问题
与其他对外政策的关系上	明确了欧盟共同外交与安全政策和其他对外政策在地位上是平等的，彼此不能互相侵犯	但实践中，条约没有明确欧盟规定共同外交与安全政策侵犯其他对外政策的具体标准和后果，导致欧盟法院在实践中没有统一的标准，自由裁量权很大，反之亦然
对个人权利的保护上	本着尊重人权的原则，条约明确规定个人财产、经济和部分政治权利因欧盟共同外交与安全政策的行动受到侵犯时，欧盟法院有管辖权	条约仅仅规定欧盟法院有管辖权，但对于因此类行为对个人权利造成侵犯的法律后果没有明确规定，法律责任承担的主体亦不明确

二、对欧盟共同外交与安全政策的展望

《里斯本条约》是拯救《欧盟宪法条约》的产物，是欧盟成员国相互博弈与妥协的结果。如果把《里斯本条约》下的欧盟共同外交与安全政策看做一个矛盾统一体的话，"超国家因素"和"政府间因素"应该是矛盾中对立统一的两个方面。从政治角度看，《里斯本条约》对成员国利益的关注致使其政府间合作的特征依旧明显，抑制了超国家因素的发展。欧盟机制改革本身无法直接推动欧盟共同外交与安全政策向超国家方向发展，它只是政府间主义主导下的布鲁塞尔化。如果说《里斯本条约》的机制改革本身强调了政府间主义，无法直接推动共同外交与安全政策向超国家方向发展，那么这种在政府间主义主导下的布鲁塞尔化，将日益成为欧盟共同外交与安全政策向超国家方向发展的主要途径。这充分表明，共同外交与安全政策运作层面不断机制化的进程本身会持续产生潜在的压力和动力，推动欧盟共同外交和安全政策向超国家的更高层次发展。欧洲一体化的起步、发展、深化与扩大是伴随着一系列重要条约的签订和实施而实现的。每当一体化发展到一定阶段，需要克服和超越体制机制上的障碍才能推动一体化向前发展时，欧盟的政治精英们总是能够克服重重困难和阻力，改革体制机制，为一体化的进一步发展铺平道路。欧洲一体化一路走来至今，如果没有《罗马条约》、《单一欧洲法令》、《马斯特里赫特条约》、《阿姆斯特丹条约》、《尼斯条约》的推动是很难想象的。在一体化取得巨大经济成就和冷战后国际局势发生剧烈变化的背景下，签署和实施《马斯特里赫特条约》，欧洲联盟正式建立，并将共同外交和安全政策列为联盟的三大支柱之一。欧洲一体化也因此从经济领域拓展到敏感的政治领域，开始了欧洲对外"用一个声音说话"、寻求独立的外交与安全政策的努力。

从法律视角看，欧盟共同外交与安全政策从制定、执行到司法监督，从欧盟的法律主体资格与权能到欧盟法律体系的整体性，都可以说明欧盟共同外交与安全政策的超国家因素是主要方面：

首先，欧盟共同外交与安全政策的决议不是成员国之间偶然

的、随机的或临时的讨论和表决的结果，它是由有权的欧盟机构遵循一定的规范和程序制定的。这些规范和程序既对成员国也对所有欧盟机构有拘束力。而且，某项共同外交与安全政策决议一旦经有效规范和程序做出，就由欧洲理事会或欧盟理事会代表欧盟予以公布，该决议就对成员国和欧盟机构具有拘束力，成员国在该领域的国家主权将受到一定的限制。即使有时决议仅仅是政治上的宣言或立场表述，也同样是欧盟意愿的表达，同样对成员国具有拘束力。诚然，实践中成员国可以在决策程序中控制最终结果，而且成员国对是否将某一事项归入共同外交与安全政策管辖有很大的自由裁量权，但是欧盟对外政策的纵向一致性和系统性合作理念都要求成员国在采取上述决定前需要在欧盟理事会内部经过通知和咨询程序。欧盟共同外交与安全政策已经成为布鲁塞尔决策者和成员国外交政策决策者们每日政治生活的重要内容。

其次，欧盟独立法律人格的确立，三大支柱的取消，欧盟对外政策目标的统一，欧盟共同外交与安全政策与其他对外政策地位的平等对待，都有利于确保欧盟对外政策的横向一致性，进一步增强欧盟作为一个整体对外"用一个声音说话"的能力。欧盟共同外交与安全政策与欧盟其他对外政策之间的融合越来越多，实践中不乏欧盟共同外交与安全政策与欧盟的人道主义援助、发展合作政策、环境政策、中东欧国家的援助政策、地中海政策以及美国和俄罗斯的合作等政策之间的融合。

再次，即使在《里斯本条约》框架下，欧盟法院对共同外交与安全政策的司法监督能力仍旧十分有限，这是不可否认的事实。但司法监督并不是一个法律体系存在的必要条件，也不是欧盟共同外交与安全政策法律性质的题中应有之意，法律监督仅仅是使社会现实更加符合法律现实的重要催化剂，是欧盟共同外交与安全政策有效发挥作用的重要手段。缺乏司法监督只能说明现存的欧盟共同外交与安全政策还不够完善，不能说明其不具有法律效力。

最后，从国际法的视角看，《里斯本条约》明确赋予欧盟独立的法律人格意味着欧盟共同外交与安全政策不是成员国之间的条约关系，而是由 28 个成员国所组成的一个独立的国际法主体——欧盟通过其有权机关所做出的决议。28个成员国将本国外交与安全政策中的某些共同部分拿出来，赋予欧盟来制定和执行。在国际社会中，欧盟的国际法主体地位也受到了第三国和国际组织的认可，欧盟与第三国和国际组织签订国际条约、派出外交使团、加入国际组织、参与国际会议的活动越来越多，对外一致行动的能力越来越强。从这个意义上说，《里斯本条约》下的欧盟法律体系不再是"希腊神庙"的支柱性结构，也不是"哥特式"的三位一体的建筑，而是一个"俄罗斯套娃"，它是多层法律体系的融合与统一。最外层是欧盟法律体系，次层是欧盟对外关系法律体系，最内层是欧盟共同外交与安全政策法律体系。欧盟共同外交与安全政策法律体系是欧盟法律体系的重要组成部分，它符合欧盟法律体系的共性，也具有自己的特性。

总之，尽管《里斯本条约》生效后的欧盟共同外交和安全政策仍将继续面临体制机制的制约，我们不能指望《里斯本条约》为推动欧盟共同外交和安全政策的发展带来立竿见影的效果，但不论从政治角度看，还是从法律角度看，《里斯本条约》的通过和生效，都推动了欧盟一个主权国家联合体向"合众国"方向迈进了一大步，大大加强了欧盟在国际格局中的作用和影响。当然，《里斯本条约》虽然"简化"了欧盟机构，其中的问题仍不"简单"，《里斯本条约》做出了很多创新，但这些创新有待于在实践中检验、发展和完善。可以说，在共同外交与安全政策领域，《里斯本条约》的创新与缺陷并存，机构简化但问题却依然复杂，《里斯本条约》改革了欧盟共同外交与安全政策法律机制，但它不是终点，而是一个新的开始。

参 考 文 献

一、著作类

[1] Alvaro de Vasconcelos, *What Ambitions for European Defense in 2020?*, The EU Institute for Security Studies, 2009.

[2] Alan Dashwood and Marc Marescau eds. , *Law and Practice of EU External Relations Salient Features of a Changing Landscape*, Oxford University Press, 2008.

[3] Jean-Claude Piris, *The Lisbon Treaty — A Legal and Political Analysis*, Cambridge University Press, 2010.

[4] Paul Craig, *The Lisbon Treaty Law, Politics, and Treaty Reform*, Oxford University Press, 2010.

[5] Stefan Griller and Jacques Ziller eds. , *The Lisbon Treaty EU Constitutionalism without a Constitutional Treaty?*, Springer Wien New York, 2008.

[6] Nicole Gnesotto and Giovanni Grevi, *The New Global Puzzle What World for the EU in 2025?*, The EU Institute for Security Studies, 2006.

[7] Geert De Baere, *Constitutional Principles of EU External Relations*, Oxford University Press, 2008.

[8] Michael Dougan and Samantha eds. , 50 *Years of the European Treaties Looking forward*, Harting Publishing, 2009.

[9] Marise Cremona, *Developments in EU External Relations Law*, Oxford University Press, 2008,

[10] O'Keeffe, Twomey, *Legal Issues of the Maastricht Treaty*, Chancery

164

Law Publishing, 1994.

[11] Panos Koutrakos, *EU International Relations Law Modern Studies in European Law*, Hart Publishing, 2006.

[12] Ramses A. Wessel, *The European Union's Foreign and Security Policy — A Legal Institutional Perspective*, Kluwer Law International, 1999.

[13] Urfan Khaliq, *Ethical Dimensions of the Foreign Policy of the European Union — A Legal Appraisal*, Cambridge University Press, 2008.

[14] Yearbook of European Law, Clarendon Press Oxford, 2008.

[15] Yearbook of European Law, Clarendon Press Oxford, 2009.

[16] *The European Security and Defence Policy (ESDP) after the Entry into Force of the Lisbon Treaty*, Spanish Institute for Strategic Studies, 2010

[17] *La Politica Europa de Seguridady Defensa (PESD) Tras La Entrada en Vigor del Tratado de Lisboa*, Instituto Espanol de Estudios Estrategicos, 2010.

[18] Ben Soetendorp, *Foreign Policy in the European Union*, Longman, 1999.

[19] Sven Biscop and Jan Joel Andersson, *the EU and the European Security Strategy Forging a Global Europe*, Routledge, 2008.

[20] KarenE. Smith, *European Union Foreign Policy in a Changing World*, Polity Press, 2003.

[21] Neill Nugent, *the Government and Politics of the European Union*, Palgrave, 5th ed. , 2003.

[22] 罗志刚、严双伍主编:《欧洲一体化进程中的政治建设——国际关系的新建构》,人民出版社 2009 年版。

[23] 梁西、王献枢主编:《国际法》,武汉大学出版社 2008 年版。

[24] 郑启荣主编:《全球视野下的欧盟共同外交与安全政策》,世界知识出版社 2008 年版。

[25] 朱文奇、李强:《国际条约法》,中国人民大学出版社 2008

年版。

[26] 曾令良:《欧洲联盟法总论——以〈欧盟宪法条约〉为新视角》, 武汉大学出版社 2007 年版。

二、论文类

[1] Lucia Serena Rossi, *How Fundamental Are Fundamental Principles? Primacy and Fundamental Rights after Lisbon*, Yearbook of European Law, Clarendon Press Oxford, 2008.

[2] Gavin Barrett, *Creation's Final Laws: the Impact of the Treaty of Lisbon on the "Final Provisions" of Earlier Treaties*, Yearbook of European Law, Clarendon Press Oxford, 2008.

[3] Sara Poli and Maria Tzanou, *The Kadi Rulings: a Survey of the Literature*, Yearbook of European Law, Clarendon Press Oxford, 2009.

[4] Marise Cremona, *EC Competence, "Smart Sanctions" and the Kadi Case*, Yearbook of European Law, Clarendon Press Oxford, 2009.

[5] Enzo Cannizzaro, *Security Council Resolutions and EC Fundamental Rights: Some Remarks on the ECJ Decision in the Kadi Case*, Yearbook of European Law, Clarendon Press Oxford, 2009.

[6] Annalisa CIampi, *The Potentially Competing Jurisdiction of the European Court of Human Rights and the European Court of Justice*, Yearbook of European Law, Clarendon Press Oxford, 2009.

[7] Giorgio Gaja, *Are the Effects of the UN Charter under EC Law Governed by Article 307 of the EC Treaty?*, Yearbook of European Law, Clarendon Press Oxford, 2009.

[8] Nikolaos Lavranos, *The Impact of the Kadi Judgment on the International Obligations of the EC Member States and the EC*, Yearbook of European Law, Clarendon Press Oxford, 2009.

[9] Riccardo Pavoni, *Freedom to Choose the Legal Means for Implementing UN Security Council Resolutions and the ECJ Kadi*

Judgment: *A Misplaced Argument Hindering the Enforcement of International Law in the EC*, *Yearbook of European Law*, Clarendon Press Oxford, 2009.

[10] Martin Scheinin, *Is the ECJ Ruling in Kadi Incompatible with International Law?*, *Yearbook of European Law*, Clarendon Press Oxford, 2009.

[11] Christian Tomischat, *The Kadi Case*: *What Relationship Is There between the Universal Legal Order under the Auspices of the United Nations and the EU Legal Order?*, *Yearbook of European Law*, Clarendon Press Oxford, 2009.

[12] Federico Fabbrini, *The Role of the Judiciary in Times of Emergency*: *Judicial Review of Counter-terrorism Measures in the United States Supreme Court and the European Court of Justice*, *Yearbook of European Law*, Clarendon Press Oxford, 2009.

[13] Panos Koutrakos, *Common Foreign and Security Policy*: *Looking back*, *Thinking forward*, 50 *Years of the European Treaties Looking back and Thinking forward Essays in European Law*, 2010.

[14] Alvaro de Vasconcelos, *What Ambitions for European Defense in 2020?*, *the EU Institute for Security Studies*, 2009.

[15] Arnout Justaert and Skander Nasra, *EU Foreign Policy*: *Exploring the Integrative Potential of the Lisbon Treaty*, *IIEB Working Paper* 32, 2008.

[16] Ben Soetendorp, *Foreign Policy in the European Union*, *Longman*, 1999.

[17] Christophe Hillion and Ramses A. Wessel, *Competence Distribution in EU External Relations after ECOWAS*: *Clarification or Continued Fuzziness?*, *Common Market Law Review*, Vol. 46, 2009.

[18] Daniele Marchesi, *The EU Foreign and Security Policy in the UN Security Council*: *between Representation and Coordination*, *European Foreign Affairs Review*, Vol. 15, 2010.

[19] Dominic Mcgoldrick, *The International Legal Personality of the European Community and the European Union, Fifty Years of the European Treaties, Looking back and Thinking forward, Essays in European Law*, 2009.

[20] Dominic Eisenhut, *Delimination of EU-Competences under the First and Second Pillar: A View between ECOWAS and the Treaty of Lisbon, German Law Journal*, Vol. 10, No. 5, 2009.

[21] Eleftheria Neframi, *The Duty of Loyalty: Rethinking Its Scope through Its Application in the Field of EU External Relations, Common Market Law Review*, Vol. 47, 2010.

[22] Enzo Cannizzaro, *Security Council Resolutions and EC Fundamental Rights: Some Remarks on the ECJ Decision in the Kadi Case, Yearbook of European Law*, Clarendon Press Oxford, 2009.

[23] Federico Fabbrini, *The Role of the Judiciary in Times of Emergency: Judicial Review of Counter-terrorism Measures in the United States Supreme Court and the European Court of Justice, Yearbook of European Law*, Clarendon Press Oxford, 2009.

[24] Finn Laursen, *The EU as an International Political and Security Actor after the Treaty of Lisbon: an Academic Perspective, Dalhousie EUCE Occasional Paper*, No. 9, 2010.

[25] Finn Laursen, *Europe at the Beginning of the 21st Century: Opportunities and Challenges, EUCE Occasional Paper*, No. 3, 2007.

[26] Isabelle Ley, *Legal Protection against the UN-Security Council between European and International Law: A Kafkaesque Situation?*, Multilevel Constitutionalism Conference, 2007.

[27] Jan Joel Andersson, *The European Security Strategy and the Continuing Search for Coherence, Fifty Years of the European Treaties, Looking back and Thinking forward, Essays in European Law*, 2009.

[28] Julia Schmidt, *Common Foreign and Security Policy and European Security and Defense Policy after the Lisbon treaty—Old Problem Solved?*, search from Google Scholar, 2008.

[29] Karen E. Smith, *European Union Foreign Policy in a Changing World*, Polity Press, 2003.

[30] Kateryna Koehler, *European Foreign Policy after Lisbon: Strengthening the EU as an International Actor*, Caucasian Review of International Afairs, Vol. 4(1), Winter, 2010.

[31] Lucia Serena Rossi, *How Fundamental Are Fundamental Principles? Primacy and Fundamental Rights after Lisbon*, Yearbook of European Law, Clarendon Press Oxford, 2008.

[32] Luk Van Langenhove and Daniele Marchesi, *Lisbon Treaty and the Emergence of Third Generation RegionalIntegration*, Rober Schuman Paper Series, Vol. 8, No. 9, 2008.

[33] Maria-Gisella Garbagnati Ketvel, *The Jurisdition of the European Court of Justice in Respect of the Common Foreign and Security Policy*, International and Comparative Law Quarterly, Vol. 55, 2006.

[34] Maria Staszkiewicz, *Where Are the Limits of Vertical Integration? Means, Positions and Approaches toward the EU Deepening*, AMO Reaearch Paper, 2007.

[35] Marise Cremona, EC Competence, *"Smart Sanctions" and the Kadi Case*, Yearbook of European Law, Clarendon Press Oxford, 2009.

[36] Martin Scheinin, *Is the ECJ Ruling in Kadi Incompatible with International Law?*, Yearbook of European Law, Clarendon Press Oxford, 2009.

[37] Nadia Klein, Tobias Kunstein and Wulf Reiners, *Assessing EU Multilateral Action: Trade and Foreign and Security Policy within a Legal and Living Frame*, Mercury E-Paper, No. 6, 2010.

[38] Nelli Babayan, *Now Who Answers the Phone in Europe?*

Cooperation within the CFSP after Enlargements and the Lisbon Treaty, Caucasian Review of International Affairs, Vol. 4, 2010.

[39] Nevra Esenturk, Democracy in the European Union and the Treaty of Lisbon, Turkish Journal of International Relations, Vol. 8, No. 4, 2009.

[40] Nikolaos Lavranos, The Impact of the Kadi Judgment on the International Obligations of the EC Member States and the EC, Yearbook of European Law, Clarendon Press Oxford, 2009.

[41] Neill Nugent, The Government and Politics of the European Union, Palgrave, 5th ed. , 2003.

[42] Nicole Gnesotto and Giovanni Grevi, The New Global Puzzle What World for the EU in 2025?, the EU Institute for Security Studies, 2006.

[43] Peter van Elsuwege, EU External Action after the Collapse of the Pillar Structure: in Search of a New Balance between Delimitation and Consistency, Common Market Review, Vol. 47, 2010.

[44] Philippe de Schoutheete and Sami Andoura, The Legal Personality of the European Union, Working Paper European Affairs Program, India Diplomatica, 2007.

[45] Ramses A. Wessel, The Impact of the Lisbon Treaty on the Legal Competences of the EU in International Affairs, Paper in International Affairs Conference, 2008.

[46] Rene Barents, The Court of Justice after the Treaty of Lisbon, Common Market Review, Vol. 47, 2010.

[47] Ricardo Gosalbo Bono, Some Reflections of the CFSP Legal Order, Common Market Law Review, Vol. 43, 2006.

[48] Riccardo Pavoni, Freedom to Choose the Legal Means for Implementing UN Security Council Resolutions and the ECJ Kadi Judgment: a Misplaced Argument Hindering the Enforcement of International Law in the EC, Yearbook of European Law, Clarendon Press Oxford, 2009.

[49] Ronald van Ooik, *Cross-Pillar Litigation before the ECJ*: *Demarcation of Community and Union Competence*, *European Constitutional Law Review*, Vol. 4, 2008.

[50] Sara Poli and Maria Tzanou, *The Kadi Rulings*: *A Survey of the Literature*, *Yearbook of European Law*, Clarendon Press Oxford, 2009.

[51] Stephen Carruthers, *The Treaty of Lisbon and the Reformed Jurisdictional Powers of the European Court of Justice in the Field of Justice and Home Affairs*, *School of Social Sciences and Law*, 2009.

[52] Sven Biscop and Jan Joel Andersson, *The EU and the European Security Strategy Forging a Global Europe*, Routledge, 2008.

[53] Tomas Buchta, *Treaty-Making by the EU*, *Procedures and Institutions*, Central European University, 2007.

[54] Udo Diedrichs and Funda Tekin, *CFSP after the Constitutional Treaty*: *the Stakes for the Future*, *Security Versus Freedom?* —*A Challenge for Europe's Future*, 2006.

[55] Wolfgang Wessels and Franziska Bopp, *The Institutional Architecture of CFSP after the Lisbon Treaty—Constitutional Breakthrough or Challenges ahead?*, *Challenge Liberty and Security*, *Research Paper*, No. 10, June, 2008.

[56] Cremona, *Defining Competence in EU External Relations*: *Lessons From the Treaty Reform Process*, in Dashwood and Maresceau eds. , *Law and Practice of EU External Relations*, Cambridge University Press, 2008.

[57] 陈海明:《卡迪案及其对国际法意义的分析》,载《太平洋学报》2010 年第 1 期。

[58] 宋英:《欧盟共同外交与安全政策的法律分析》,载《欧洲研究》2004 年第 5 期。

[59] 张华:《欧盟对外关系中的一致性原则:以〈里斯本条约〉为新视角》,载《欧洲研究》2010 年第 3 期。

[60] 邹国勇、香焕银:《欧盟共同外交与安全政策的法律性质与特点》,载《武汉理工大学学报》2002 年 6 月第 15 卷第 3 期。

[61] 徐贝宁:《从〈里斯本条约〉看欧盟共同外交与安全政策的机制对政策运作效力的影响》,载《国际论坛》2009 年 5 月第11 卷。

[62] 谢先泽、石坚:《〈里斯本条约〉生效后欧盟共同外交与安全政策的前景和展望》,载《解放军外国语学院学报》2010 年 3月第 33 卷第 2 期。

[63] 陈志敏:《新多级伙伴世界中的中欧关系》,载《欧洲研究》2010 年第 1 期。

[64] 张恩煜:《中欧全面战略伙伴关系的现状和前景》,载《山东师范大学学报》2011 年第 56 卷第 6 期。

[65] David Marquand,杨涛斌、蒋文豪(译),《欧盟:没有政治的政治共同体》,载《文化纵横》2012 年第 5 期。

[66] 张彤:《欧盟权能划分——〈里斯本条约〉生效后的变化和问题》,载《国家行政学院学报》2010 年第 5 期。

[67] 雷益丹:《论欧洲联盟的法律人格》,载《法学评论》2006 年第 3 期。

[68] 参见金玲:《〈里斯本条约〉与欧盟欧盟共同外交与安全政策》,载《欧洲研究》2008 年第 2 期。

[69] 曾令良:《〈里斯本条约〉后欧盟对外关系权能的变化——以法律为视角》,《湘潭大学学报》2011 年 3 月。

[70] 黄德明、李若瀚:《论欧盟国际制裁法律基础的革新》,载《当代法学》2013 年第 3 期。

[71] 参见程卫东:《〈里斯本条约〉:欧盟改革与宪政化》,载《欧洲研究》2010 年第 3 期。

[72] 张福昌:《欧洲政治一体化的发展与前瞻》,载《欧洲研究》2012 年第 3 期。

[73] 叶江:《中欧全面战略伙伴关系面临新挑战》,载《国际问题研究》2011 年第 3 期。

三、重要的研究机构和网站

1. http：//www. iss. europa. eu/

2. http：//europa. eu/abc/treaties/index_ en. htm

3. http：//thehumanities. com

4. http：//wisc2011. up. pt/

5. http：//www. ipsa. org/

6. http：//www. consilium. europa. eu/showPage. aspx？ id＝261&lang＝en

附录一　中英文对照表

Area of Freedom, Security and Justice(AFSJ)	自由、安全与司法领域
Brusselisation	布鲁塞尔化
Center of Gravity	重力中心
Co-decision procedure	共同决定程序
Coherence	连贯性
Consistency	一致性
Common Foreign and Security Policy(CFSP)	共同外交与安全政策
Common Positions	共同立场
Common Strategies	共同策略
Committee on Foreign Affairs of European Parliament	欧洲议会对外事务委员会
Committee of Permanent Representatives of the member states	常设代表委员会
Competence	权能
Consensus	合意
Consultation Procedure	协商程序
Cooperation Procedure	合作程序

Council of Europe	欧洲理事会
Council of the European Union	欧盟理事会
(EU) Decisions	(欧盟)决议
Democratic Legitimacy	民主合法性
(EU) Directive	(欧盟)指令
Doctrine of Pre-emption	优先性原则
Economic Community of West African States (ECOWAS)	西非国家经济联盟
Enhanced Cooperation	强化合作
Estoppel	禁止反言原则
European Commission	欧盟委员会
European Council	欧洲理事会
European Court of Justice	欧盟法院
European Defense Agency (EDA)	欧洲防卫署
European External Action Service (EEAS)	欧盟对外行动署
European Parliament	欧洲议会
European Political Cooperation (EPC)	欧洲政治合作
Euroepan Union	欧洲联盟
European Union Satellite Center	欧盟卫星中心
European Security and Defence College	欧洲安全与防卫学院
Exclusive Competence	专属权能
Good Faith	善意
High Representative of CFSP	共同外交与安全政策高级代表

Horizontal Coherence	横向连贯
Inter-governmentalism	政府间主义
Joint Actions	联合行动
Jurisdiction of ECJ	欧盟法院的管辖权
Legally Binding	法律拘束力
Legal Capacity	法律能力
Legal Obligation	法律责任
Legal Personality	法律人格
Loyalty Obligation	忠诚义务
Member States	成员国
Organization for Economic Cooperation and Development	经济合作与发展组织
Organization for Security and Cooperation in Europe	欧洲安全与合作组织
Passerelle Clause	修正条款
Participating Parties	缔约方/国
Permanent Structured Cooperation	长期结构性合作
Policy Planning and Early Warning Unit	政策计划与预警小组
Principle of Cooperation and Complementarity	合作与补充原则
Principle of Delimitation	限定原则
Principle of Primacy	首要性原则
Principle of Proportionality	相称性原则
Qualified Majority Vote	特定多数表决

176

(EU) Regulation	(欧盟)规则
Rule of Law	法治
Rule of Delimitation	限定原则
Sanctions	制裁
Shared Competence	共享权能
Single European Act	《单一欧洲法令》
Soft Law	软法
Subsidiarity	从属性
Sui generis	"自成一类"
Supporting, Coordinating, and Supplementing Competences	支持、协调和补充权能
Supranationalism	超国家主义
Systemic Cooperation	系统性合作
The Will Approach	约章授权论
The Objective/Material Approach	固有人格说
Treaty on European Union(TEU)	《欧洲联盟条约》
Treaty on the Functioning of the European Union(TFEU)	《欧洲联盟运行条约》
Vertical Coherence	纵向连贯
West African Economic and Monetary Union	西非经济与货币联盟
Western European Union	西欧联盟

附录二　共同外交与安全政策条约规定对照表

Treaty on European Union(Lisbon)	European Constitution
Title V GENERAL PROVISIONS ON THE UNION'S EXTERNAL ACTION AND SPECIFIC PROVISIONS ON THE COMMON FOREIGN AND SECURITY POLICY CHAPTER 1 GENERAL PROVISIONS ON THE UNION'S EXTERNAL ACTION **Article 21〔10a〕** 1. The Union's action on the international scene shall be guided by the principles which have inspired its own creation, development and enlargement, and which it seeks to advance in the wider world: democracy, the rule of law, the universality and indivisibility of human rights and fundamental freedoms, respect for human dignity, the principles of equality and solidarity, and respect for the principles of the United Nations Charter and international	**ARTICLE Ⅲ-292** 1. The Union's action on the international scene shall be guided by the principles which have inspired its own creation, development and enlargement, and which it seeks to advance in the wider world: democracy, the rule of law, the universality and indivisibility of human rights and fundamental freedoms, respect for human dignity, the principles of l equality and solidarity,

Treaty on European Union(Lisbon)	European Constitution
law. The Union shall seek to develop relations and build partnerships with third countries, and international, regional or global organisations which share the principles referred to in the first subparagraph. It shall promote multilateral solutions to common problems, in particular in the framework of the United Nations.	and respect for the principles of the United Nations Charter and international law.
2. The Union shall define and pursue common policies and actions, and shall work for a high degree of cooperation in all fields of international relations, in order to:	The Union shall seek to develop relations and build partnerships with third countries, and international, regional or global organisations which share the principles referred to in the first subparagraph. It shall promote multilateral solutions to common problems, in particular in the framework of the United Nations.
(a) safeguard its values, fundamental interests, security, independence and integrity;	2. The Union shall define and pursue common policies and actions, and shall work for a high degree of cooperation in all fields of international Relations, in order to:
(b) consolidate and support democracy, the rule of law, human rights and the principles of international law;	(a) safeguard its values, fundamental interests, security, independence and integrity;
(c) preserve peace, prevent conflicts and strengthen international security, in accordance with the purposes and principles of the United Nations Charter, with the principles of the Helsinki Final Act and with the aims of the Charter of Paris, including those relating to external borders;	(b) consolidate and support democracy, the rule of law, human rights and the principles of international law;
(d) foster the sustainable economic, social and environmental development of developing countries, with the primary aim of eradicating poverty;	(c) preserve peace, prevent conflicts and strengthen international security, in accordance with the purposes and principles of the United Nations Charter, with the principles of the Helsinki Final Act and with the aims of the Charter of Paris,
(e) encourage the integration of all countries into the world economy, including	

Treaty on European Union(Lisbon)	European Constitution
through the progressive abolition of restrictions on international trade; (f) help develop international measures to preserve and improve the quality of the environment and the sustainable management of global natural resources, in order to ensure sustainable development; (g) assist populations, countries and regions confronting natural or manmade disasters; and (h) promote an international system based on stronger multilateral cooperation and good global governance. 3. The Union shall respect the principles and pursue the objectives set out in paragraphs 1 and 2 in the development and implementation of the different areas of the Union's external action covered by this Title and Part Five of the Treaty on the Functioning of the Union, and of the external aspects of its other policies. The Union shall ensure consistency between the different areas of its external action and between these and its other policies. The Council and the Commission, assisted by the High Representative of the Union for Foreign Affairs and Security Policy, shall ensure that consistency and shall cooperate to that effect.	including those relating to external borders; (d) foster the sustainable economic, social and environmental development of developing countries, with the primary aim of eradicating poverty; (e) encourage the integration of all countries into the world economy, including through the progressive abolition of restrictions on international trade; (f) help develop international measures to preserve and improve the quality of the environment and the sustainable management of global natural resources, in order to ensure sustainable development; (g) assist populations, countries and regions confronting natural or manmade disasters; (h) promote an international system based on stronger multilateral cooperation and good global governance. 3. The Union shall respect the principles and pursue the objectives set out in paragraphs 1 and 2 in the development and implementation of the different areas of the Union's external action covered by this Title and the external aspects of its other

Treaty on European Union(Lisbon)	European Constitution
	policies. The Union shall ensure consistency between the different areas of its external action and between these and its other policies. The Council and the Commission, assisted by the Union Minister for Foreign Affairs, shall ensure that consistency and shall cooperate to that effect.
Article 22[10b]	**ARTICLE III-293**
1. On the basis of the principles and objectives set out in Article 21, the European Council shall identify the strategic interests and objectives of the Union. Decisions of the European Council on the strategic interests and objectives of the Union shall relate to the common foreign and security policy and to other areas of the external action of the Union. Such decisions may concern the relations of the Union with a specific country or region or may be thematic in approach. They shall define their duration, and the means to be made available by the Union and the Member States. The European Council shall act unanimously on a recommendation from the Council, adopted by the latter under the arrangements laid down for each area. Decisions of the European Council shall be implemented in accordance with the procedures provided for in the Treaties.	1. On the basis of the principles and objectives set out in Article III-292, the European Council shall identify the strategic interests and objectives of the Union. European decisions of the European Council on the strategic interests and objectives of the Union shall relate to the common foreign and security policy and to other areas of the external action of the Union. Such decisions may concern the relations of the Union with a specific country or region or may be thematic in approach. They shall define their duration, and the means to be made available by the Union and the Member States. The European Council shall act unanimously on a recommendation from the Council, adopted by the

Treaty on European Union(Lisbon)	European Constitution
2. The High Representative of the Union for Foreign Affairs and Security Policy, for the area of common foreign and security policy, and the commission, for other areas of external action, may submit joint proposals to the Council.	latter under the arrangements laid down for each area. European decisions of the European Council shall be implemented in accordance with the procedures provided for in the Constitution. 2. The Union Minister for Foreign Affairs, for the area of common foreign and security policy, and the Commission, for other areas of external action, may submit joint proposals to the Council.
CHAPTER 2 SPECIFIC PROVISIONS ON THE COMMON FOREIGN AND SECURITY POLICY **Article 23[10c]** The Union's action on the international scene, pursuant to this Chapter, shall be guided by the principles, shall pursue the objectives of, and be conducted in accordance with, the general provisions laid down in Chapter 1.	**ARTICLE III-292** The Union shall respect the principles and pursue the objectives set out in paragraphs 1 and 2 in the development and implementation of the different areas of the Union's external action covered by this Title and the external aspects of its other policies. The Union shall ensure consistency between the different areas of its external action and between these and its other policies.

Treaty on European Union(Lisbon)	European Constitution
Article 24 [11]	**ARTICLE III-376**
1. The Union's competence in matters of common foreign and security policy shall cover all areas of foreign policy and all questions relating to the Union's security, including the progressive framing of a common defence policy that might lead to a common defence. The common foreign and security policy is subject to specific rules and procedures. It shall be defined and implemented by the European Council and the Council acting unanimously, except where the Treaties provide otherwise. The adoption of legislative acts shall be excluded. The common foreign and security policy shall be put into effect by the High Representative of the Union for Foreign Affairs and Security Policy and by Member States, in accordance with the Treaties. The specific role of the European Parliament and of the Commission in this area is defined by the Treaties. The Court of Justice of the European Union shall not have jurisdiction with respect to the provisions relating to this area, with the exception of its jurisdiction to monitor the compliance with Article 40 of this Treaty and to review the legality of certain decisions as provided for by Article 275 of the Treaty on the Functioning of the Union.	The Court of Justice of the European Union shall not have jurisdiction with respect to Articles I-40 and I-41 and the provisions of Chapter II of Title V concerning the common foreign and security policy and Article III-293 insofar as it concerns the common foreign and security policy. However, the Court shall have jurisdiction to monitor compliance with Article III-308 and to rule on proceedings, brought in accordance with the conditions laid down in Article III-365(4), reviewing the legality of European decisions providing for restrictive measures against natural or legal persons adopted by the Council on the basis of Chapter II of Title V.

Treaty on European Union(Lisbon)	European Constitution
2. Within the framework of the principles and objectives of its external action, the Union shall conduct, define and implement a common foreign and security policy, based on the development of mutual political solidarity among Member States, the identification of questions of generalinterest and the achievement of an ever-increasing degree of convergence of Member States' actions.	**ARTICLE I -40** 1. The European Union shall conduct a common foreign and security policy, based on the development of mutual political solidarity among Member States, the identification of questions of general interest and the achievement of an ever-increasing degree of convergence of Member States' actions. 2. The European Council shall identify the Union's strategic interests and determine the objectives of its common foreign and security policy. The Council shall frame this policy within the framework of the strategic guidelines established by the European Council and in accordance with Part III.
3. The Member States shall support the Union's external and security policy actively and unreservedly in a spirit of loyalty and mutual solidarity and shall comply with the Union's action in this area. The Member States shall work together to enhance and develop their mutual political solidarity. They shall refrain from any action which is contrary to the interests of the Union or likely to impair its effectiveness as a cohesive force in international relations. The Council and the High Representative shall ensure compliance with these principles.	**ARTICLE I -16** Member States shall actively and unreservedly support the Union's common foreign and security policy in a spirit of loyalty and mutual solidarity and shall comply with the Union's action in this area. They shall refrain from action contrary to the Union's interests or likely to impair its effectiveness.

Treaty on European Union(Lisbon)	European Constitution
Article 25[12] The Union shall conduct the common foreign and security policy by: (a) defining the general guidelines; (b) adopting decisions defining: (i) actions to be undertaken by the Union; (ii) positions to be taken by the Union; (iii) arrangements for the implementation of the decisions referred to in points(i) and (ii); and by (c) strengthening systematic cooperation between Member States in the conduct of policy.	**ARTICLE III-294** The Union shall conduct the common foreign and security policy by: (a) defining the general guidelines; (b) adopting European decisions defining: (i) actions to be undertaken by the Union; (ii) positions to be taken by the Union; (iii) arrangements for the implementation of the European decisions referred to in points(i) and(ii); (c) strengthening systematic cooperation between Member States in the conduct of policy.
Article 26[13] 1. The European Council shall identify the Union's strategic interests, determine the objectives of and define general guidelines for the common foreign and security policy, including for matters with defence implications. It shall adopt the necessary decisions. If international developments so require, the President of the European Council shall convene an extraordinary meeting of the European Council in order to define the strategic lines of the Union's policy in the face of such developments. 2. The Council shall frame the common	**ARTICLE III-295** 1. The European Council shall define the general guidelines for the common foreign and security policy, including for matters with defence implications. If international developments so require, the President of the European Council shall convene an extraordinary meeting of the European Council in order to define the strategic lines of the Union's policy in the face of such developments. 2. The Council shall adopt the European decisions necessary for

Treaty on European Union(Lisbon)	European Constitution
foreign and security policy and take the decisions necessary for defining and implementing it on the basis of the general guidelines and strategic lines defined by the European Council. The Council and the High Representative of the Union for Foreign Affairs and Security Policy shall ensure the unity, consistency and effectiveness ofaction by the Union. 3. The common foreign and security policy shall be put into effect by the High Representative of the Union for Foreign Affairs and Security Policy and by the Member States, using national and Union resources.	defining and implementing the common foreign and security policy on the basis of the general guidelines and strategic lines defined by the European Council.
Article 27〔13a〕 1. The High Representative of the Union for Foreign Affairs and Security Policy, who shall chair the Foreign Affairs Council, shall contribute through his or her proposals towards the preparation of the common foreign and security policy and shall ensure implementation of the decisions adopted by the European Council and the Council. 2. The High Representative shall represent the Union for matters relating to the common foreign and security policy. He shall conduct political dialogue with third parties on the Union's behalf and shall express the Union's position in international organisations and at international conferences.	**ARTICLE III-296** 1. The Union Minister for Foreign Affairs, who shall chair the Foreign Affairs Council, shall contribute through his or her proposals towards the preparation of the common foreign and security policy and shall ensure implementation of the European decisions adopted by the European Council and the Council. 2. The Minister for Foreign Affairs shall represent the Union for matters relating to the common foreign and security policy. He or she shall conduct political dialogue with third parties on the Union's behalf and shall express the Union's position in international organisations and at

Treaty on European Union(Lisbon)	European Constitution
3. In fulfilling his mandate, the High Representative shall be assisted by a European External Action Service. This service shall work in cooperation with the diplomatic services of the Member States and shall comprise officials from relevant departments of the General Secretariat of the Council and of the Commission as well as staff seconded from national diplomatic services of the Member States. The organisation and functioning of the European External Action Service shall be established by a decision of the Council. The Council shall act on a proposal from the High Representative after consulting the European Parliament and after obtaining the consent of the Commission.	international conferences. 3. In fulfilling his or her mandate, the Union Minister for Foreign Affairs shall be assisted by a European External Action Service. This service shall work in cooperation with the diplomatic services of the Member States and shall comprise officials from relevant departments of the General Secretariat of the Council and of the Commission as well as staff seconded from national diplomatic services of the Member States. The organisation and functioning of the European External Action Service shall be established by a European decision of the Council. The Council shall act on a proposal from the Union Minister for Foreign Affairs after consulting the European Parliament and after obtaining the consent of the Commission.
Article 28[14] 1. Where the international situation requires operational action by the Union, the Council shall adopt the necessary decisions. They shall lay down their objectives, scope, the means to be made available to the Union, if necessary their duration, and the conditions for their implementation. If there is a change in circumstances having a substantial effect	**ARTICLE III-297** 1. Where the international situation requires operational action by the Union, the Council shall adopt the necessary European decisions. Such decisions shall lay down the objectives, the scope, the means to be made available to the Union, if necessary the duration, and the conditions for implementation of the

续表

Treaty on European Union (Lisbon)	European Constitution
on a question subject to such a decision, the Council shall review the principles and objectives of that decision and take the necessary decisions. 2. Decisions referred to in paragraph 1 shall commit the Member States in the positions they adopt and in the conduct of their activity. 3. Whenever there is any plan to adopt a national position or take national action pursuant to a decision as referred to in paragraph 1, information shall be provided by the Member State concerned in time to allow if necessary, for prior consultations within the Council. The obligation to provide prior information shall not apply to measures which are merely a national transposition of Council decisions. 4. In cases of imperative need arising from changes in the situation and, failing a review of the Council decision referred to in paragraph 1, Member States may take the necessary measures as a matter of urgency having regard to the general objectives of that decision. The Member State concerned shall inform the Council immediately of any such measures. 5. Should there be any major difficulties in implementing a decision referred to in this Article, a Member State shall refer them to the Council which shall discuss them and seek appropriate solutions. Such solutions shall not run counter to the	action. If there is a change in circumstances having a substantial effect on a question subject to such a European decision, the Council shall review the principles and objectives of that decision and adopt the necessary European decisions. 2. The European decisions referred to in paragraph 1 shall commit the Member States in the positions they adopt and in the conduct of their activity. 3. Whenever there is any plan to adopt a national position or take national action pursuant to a European decision as referred to in paragraph 1, information shall be provided by the Member State concerned in time to allow, if necessary, for prior consultations within the Council. The obligation to provide prior information shall not apply to measures which are merely a national transposition of such a decision. 4. In cases of imperative need arising from changes in the situation and failing a review of the European decision pursuant to the second subparagraph of paragraph 1, Member States may take the necessary measures as a matter of urgency, having regard to the general objectives of

Treaty on European Union(Lisbon)	European Constitution
objectives of the joint action or impair its effectiveness.	that decision. The Member State concerned shall inform the Council immediately of any such measures. 5. Should there be any major difficulties in implementing a European decision as referred to in this Article, a Member State shall refer them to the Council which shall discuss them and seek appropriate solutions.
Article 29[15] The Council shall adopt decisions which shall define the approach of the Union to a particular matter of a geographical or thematic nature. Member States shall ensure that their national policies conform to the Union's positions.	**ARTICLE III-298** The Council shall adopt European decisions which shall define the approach of the Union to a particular matter of a geographical or thematic nature. Member States shall ensure that their national policies conform to the positions of the Union.
Article 309[15a] 1. Any Member State, the High Representative of the Union for Foreign Affairs and Security Policy, or that Minister with the Commission's support, may refer any question relating to the common foreign and security policy to the Council and may submit to it initiatives or proposals as appropriate. 2. In cases requiring a rapid decision, the High Representative of his own motion, or at the request of a Member State, shall	**ARTICLE III-299** 1. Any Member State, the Union Minister for Foreign Affairs, or that Minister with the Commission's support, may refer any question relating to the common foreign and security policy to the Council and may submit to it initiatives or proposals as appropriate. 2. In cases requiring a rapid decision, the Union Minister for Foreign Affairs, of the Minister's own

Treaty on European Union(Lisbon)	European Constitution
convene an extraordinary Council meeting within 48 hours or, in an emergency, within a shorter period.	motion or at the request of a Member State, shall convene an extraordinary meeting of the Council within fortyeight hours or, in an emergency, within a shorter period.

Article 3110〔15b〕

1. Decisions under this Chapter shall be taken by the European Council and the Council acting unanimously except where this chapter provides otherwise. The adoption of legislative acts shall be excluded.

If the members of the Council qualifying their abstention in this way represent at least one third of the Member States comprising at least one third of the population of the Union, the decision shall not be adopted.

2. By derogation from the provisions of paragraph 1, the Council shall act by qualified majority:

- when adopting a decision defining a Union action or position on the basis of a decision of the European Council relating to the Union's strategic interests and objectives, as referred to in Article 22.

- when adopting a decision defining a Union action or position, on a proposal which the High Representative of the Union for Foreign Affairs and Security Policy has presented following a specific request to him or her from the European Council, made on its own initiative or that of the

ARTICLE III-300

1. The European decisions referred to in this Chapter shall be adopted by the Council acting unanimously. When abstaining in a vote, any member of the Council may qualify its abstention by making a formal declaration. In that case, it shall not be obliged to apply the European decision, but shall accept that the latter commits the Union. In a spirit of mutual solidarity, the Member State concerned shall refrain from any action likely to conflict with or impede Union action based on that decision and the other Member States shall respect its position. If the members of the Council qualifying their abstention in this way represent at least one third of the Member States comprising at least one third of the population of the Union, the decision shall not be adopted.

2. By way of derogation from paragraph 1, the Council shall act by a qualified majority:

续表

Treaty on European Union(Lisbon)	European Constitution
High Representative. - when adopting any decision implementing a decision defining a Union action or position. - when appointing a special representative in accordance with Article 33 (5). If a member of the Council declares that, for vital11 and stated reasons of national policy, it intends to oppose the adoption of a decision to be taken by qualified majority, a vote shall not be taken. The High Representative will, in close consultation with the Member State involved, search for a solution acceptable to it. If he or she does not succeed, the Council may, acting by a qualified majority, request that the matter be referred to the European Council for a decision by unanimity. 3. The European Council may unanimously adopt a decision stipulating that the Council shall act by a qualified majority in cases other than those referred to in paragraph 2. 4. Paragraphs 2 and 3 shall not apply to decisions having military or defence implications. 5. For procedural questions, the Council shall act by a majority of its members.	(a) when adopting European decisions defining a Union action or position on the basis of a European decision of the European Council relating to the Union's strategic interests and objectives, as referred to in Article III-293(1) ; (b) when adopting a European decision defining a Union action or position, on a proposal which the Union Minister for Foreign Affairs has presented following a specific request to him or her from the European Council, made on its own initiative or that of the Minister; (c) when adopting a European decision implementing a European decision defining a Union action or position; (d) when adopting a European decision concerning the appointment of a special representative in accordance with Article III-302. If a member of the Council declares that, for vital and stated reasons of national policy, it intends to oppose the adoption of a European decision to be adopted by a qualified majority, a vote shall not be taken. The Union Minister for Foreign Affairs will, in close consultation with the Member State involved, search for a solution acceptable to it. If he or she does not succeed,

Treaty on European Union(Lisbon)	European Constitution
	the Council may, acting by a qualified majority, request that the matter be referred to the European Council for a European decision by unanimity.
	3. In accordance with Article I-40 (7) the European Council may unanimously adopt a European decision stipulating that the Council shall act by a qualified majority in cases other than those referred to in paragraph 2 of this Article.
	4. Paragraphs 2 and 3 shall not apply to decisions having military or defence implications.
Article 32[16] Member States shall consult one another within the European Council and the Council on any matter of foreign and security policy of general interest in order to determine a common approach. Before undertaking any action on the international scene or any commitment which could affect the Union's interests, each Member State shall consult the others within the European Council or the Council. Member States shall ensure, through the convergence of their actions, that the Union is able to assert its interests and values on the international scene. Member States shall show mutual solidarity.	**ARTICLE I-40** Member States shall consult one another within the European Council and the Council on any foreign and security policy issue which is of general interest in order to determine a common approach. Before undertaking any action on the international scene or any commitment which could affect the Union's interests, each Member State shall consult the others within the European Council or the Council. Member States shall ensure, through the convergence of their actions, that the Union is able to assert its interests and values on the international scene. Member States shall show mutual solidarity.

Treaty on European Union(Lisbon)	European Constitution
When the European Council or the Council has defined a common approach of the Union within the meaning of the first paragraph, the High Representative of the Union for Foreign Affairs and Security Policy and the Ministers for Foreign Affairs of the Member States shall coordinate their activities within the Council. The diplomatic missions of the Member States and the Union delegations in third countries and at international organisations shall cooperate and shall contribute to formulating and implementing the common approach.	**ARTICLE III-301** 1. When the European Council or the Council has defined a common approach of the Union within the meaning of Article I-40 (5), the Union Minister for Foreign Affairs and the Ministers for Foreign Affairs of the Member States shall coordinate their activities within the Council. 2. The diplomatic missions of the Member States and the Union delegations in third countries and at international organisations shall cooperate and shall contribute to formulating and implementing the common approach referred to in paragraph 1.
Article 33[18] The Council may, on a proposal from the High Representative of the Union for Foreign Affairs and Security Policy, appoint a special representative with a mandate in relation to particular policy issues. The special representative shall carry out his or her mandate under the authority of the High Representative.	**ARTICLE III-302** The Council may appoint, on a proposal from the Union Minister for Foreign Affairs, a special representative with a mandate in relation to particular policy issues. The special representative shall carry out his or her mandate under the Minister's authority.
Article 34[19] 1. Member States shall coordinate their action in international organisationsand at international conferences. They shall uphold the Union's positions in such forums. The High Representative of the Union for	**ARTICLE III-305** 1. Member States shall coordinate their action in international organizations and at international conferences. They shall uphold the Union's positions in such fora. The

Treaty on European Union(Lisbon)	European Constitution
Foreign Affairs and Security Policy shall organise this coordination. In international organisations and at international conferences where not all the Member States participate, those which do take part shall uphold the common positions. 2. In accordance with Article 24 (3), Member States represented in international organisations or international conferences where not all the Member States participate shall keep the other member states as well as the High Representative informed of any matter of common interest. Member States which are also members of the United Nations Security Council will concert and keep the other Member States and the High Representative fully informed. Member States which are permanent members of the Security Council will, in the execution of their functions, defend the positions and the interests of the Union, without prejudice to their responsibilities under the provisions of the United Nations Charter. When the Union has defined a position on a subject which is on the United Nations Security Council agenda, those Member States which sit on the Security Council shall request that the High Representative be asked to present the Union's position.	Union Minister for Foreign Affairs shall organise this coordination. In international organisations and at international conferences where not all the Member States participate, those which do take part shall uphold the Union's positions. 2. In accordance with Article I-16 (2), Member States represented in international organisations or international conferences where not all the Member States participate shall keep the latter, as well as the Union Minister for Foreign Affairs, informed of any matter of common interest. Member States which are also members of the United Nations Security Council shall concert and keep the other Member States and the Union Minister for Foreign Affairs fully informed. Member States which are members of the Security Council will, in the execution of their functions, defend the positions and the interests of the Union, without prejudice to their responsibilities under the United Nations Charter. When the Union has defined a position on a subject which is on the United Nations Security Council agenda, those Member States which sit on the Security Council shall

Treaty on European Union(Lisbon)	European Constitution
	request that the Union Minister for Foreign Affairs be asked to present the Union's position.

Article 35 [20]

The diplomatic and consular missions of the Member States and the Union delegations in third countries and international conferences, and their representations to international organisations, shall cooperate in ensuring that decisions defining Union positions and actions adopted pursuant to this Chapter are complied with and implemented.

They shall step up cooperation by exchanging information, carrying out joint assessments.

They shall contribute to the implementation of the right of European citizens to protection in the territory of third countries as referred to in Article 20(2)(c) of the Treaty on the Functioning of the Union and of the measures adopted pursuant to Article 23 of that Treaty.

ARTICLE III-306

The diplomatic and consular missions of the Member States and the Union delegations in third countries and international conferences, and their representations to international organisations, shall cooperate in ensuring that the European decisions defining Union positions and actions adopted pursuant to this Chapter are complied with and implemented.

They shall step up cooperation by exchanging information and carrying out joint assessments.

They shall contribute to the implementation of the right of European citizens to protection in the territory of third countries as referred to in Article I-10(2)(c) and the measures adopted pursuant to Article III-127.

Article 36 [21]

The High Representative of the Union for Foreign Affairs and Security Policy shall regularly consult the European Parliament on the main aspects and the basic choices of the common foreign and security policy and the common security and defence policy

ARTICLE III-304

1. The Union Minister for Foreign Affairs shall consult and inform the European Parliament in accordance with Article I-40(8) and Article I-41(8). He or she shall ensure that the views of the European Parliament

Treaty on European Union (Lisbon)	European Constitution
and inform it of how those policies evolve. He shall ensure that the views of the European Parliament are duly taken into consideration. Special representatives may be involved in briefing the European Parliament. The European Parliament may ask questions of the Council or make recommendations to it and the High Representative. Twice a year it shall hold a debate on progress in implementing the common foreign and security policy including the common security and defence policy.	are duly taken into consideration. Special representatives may be involved in briefing the European Parliament. 2. The European Parliament may ask questions of the Council and of the Union Minister for Foreign Affairs or make recommendations to them. Twice a year it shall hold a debate on progress in implementing the common foreign and security policy, including the common security and defence
Article 37 [24] The Union may conclude agreements with one or more States or international organisations in areas covered by this Chapter.	**ARTICLE Ⅲ-303** The Union may conclude agreements with one or more States or international organisations in areas covered by this Chapter.
Article 38 [25] Without prejudice to Article 240 of the Treaty on the functioning of the European Union, a Political and Security Committee shall monitor the international situation in the areas covered by the common foreign and security policy and contribute to the definition of policies by delivering opinions to the Council at the request of the Council or of the High Representative of the Union for Foreign Affairs and Security Policy or on its own initiative. It shall also monitor the implementation of agreed policies,	**ARTICLE Ⅲ-307** 1. Without prejudice to Article III-344, a Political and Security Committee shall monitor the international situation in the areas covered by the commonforeign and security policy and contribute to the definition of policies by delivering opinions to the Council at the request of the latter, or of the Union Minister for Foreign Affairs, or on its own initiative. It shall also monitor the implementation of agreed policies, without prejudice to the powers of

Treaty on European Union(Lisbon)	European Constitution
without prejudice to the powers of the High Representative. Within the scope of this Chapter, the Political and Security Committee shall exercise, under the responsibility of the Council and of the High Representative, the political control and strategic direction of the crisis management operations referred to in Article 43. The Council may authorise the Committee, for the purpose and for the duration of a crisis management operation, as determined by the Council, to take the relevant decisions concerning the political control and strategic direction of the operation, without prejudice to Article 47.	the Union Minister for Foreign Affairs. 2. Within the scope of this Chapter, the Political and Security Committee shall exercise, under the responsibility of the Council and of the Union Minister for Foreign Affairs, the political control and strategic direction of the crisis management operations referred to in Article III-309. The Council may authorise the Committee, for the purpose and for the duration of a crisis management operation, as determined by the Council, to take the relevant measures concerning the political control and strategic direction of the operation.
Article 39[25a] In accordance with Article 16 of the Treaty on the Functioning of the European Union and by way of derogation from paragraph 2 thereof, the Council shall lay down the rules relating to the protection of individuals with regard to the processing of personal data by the Member States when carrying out activities which fall within the scope of this Chapter, and the rules relating to the free movement of such data. Compliance with these rules shall be subject to the control of independent authorities.	**ARTICLE I-51** Protection of personal data: 1. Everyone has the right to the protection of personal data concerning him or her. 2. European laws or framework laws shall lay down the rules relating to the protection of individuals with regard to the processing of personal data by Union institutions, bodies, offices and agencies, and by the Member States when carrying out activities which fall within the scope of Union law, and the rules

续表

Treaty on European Union(Lisbon)	European Constitution
	relating to the free movement of such data. Compliance with these rules shall be subject to the control of independent authorities.
Article 40[25b] The implementation of the common foreign and security policy shall not affect the application of the procedures and the extent of the powers of the institutions laid down by the Treaties for the exercise of the Union competences referred to in Articles 3 to 6 of the Treaty on the Functioning of the Union. Similarly, the implementation of the policies listed in those Articles shall not affect the application of the procedures and the extent of the powers of the institutions laid down by the Treaties for the exercise of the Union competences under this Chapter.	**ARTICLE Ⅲ-308** The implementation of the common foreign and security policy shall not affect the application of the procedures and the extent of the powers of the institutions laid down by the Constitution for the exercise of the Union competences referred to in Articles I-13 to I-15 and I-17. Similarly, the implementation of the policies listed in those Articles shall not affect the application of the procedures and the extent of the powers of the institutions laid down by the Constitution for the exercise of the Union competences under this Chapter.
Article 41[28] 1. Administrative expenditure to which the implementation of this Chapter gives rise for the institutions shall be charged to the Union budget. 2. Operating expenditure to which the implementation of this Chapter gives rise shall also be charged to the Union budget except for such expenditure arising from operations having military or defence implications and cases where the Council	**ARTICLE Ⅲ-313** 1. Administrative expenditure which the implementation of this Chapter entails for the institutions shall be charged to the Union budget. 2. Operating expenditure to which the implementation of this Chapter gives rise shall also be charged to the Union budget, except for such expenditure arising from operations

Treaty on European Union(Lisbon)	European Constitution
acting unanimously decides otherwise. In cases where expenditure is not charged to Union budget, it shall be charged to the Member States in accordance with the gross national product scale, unless the Council acting unanimously decides otherwise. As for expenditure arising from operations having military or defence implications, Member States whose representatives in the Council have made a formal declaration under Article 31 (1) second subparagraph, shall not be obliged to contribute to the financing thereof. 3. The Council shall adopt a decision establishing the specific procedures for guaranteeing rapid access to appropriations in the Union budget for urgent financing of initiatives in the framework of the common foreign and security policy, and in particular for preparatory activities for the tasks referred to in Article 42(1) and Article 43. It shall act after consulting the European Parliament. Preparatory activities for the tasks referred to in Article 42(1) and Article 43 which are not charged to the Union budget shall be financed by a start-up fund made up of Member States' contributions. The Council shall adopt by a qualified majority, on a proposal from the High Representative of the Union for Foreign Affairs and Security Policy, decisions establishing: (a) the procedures for setting up and financing the start-up fund, in particular	having military or defence implications and cases where the Council decides otherwise. In cases where expenditure is not charged to the Union budget it shall be charged to the Member States in accordance with the gross national product scale, unless the Council decides otherwise. As for expenditure arising from operations having military or defence implications, Member States whose representatives in the Council have made a formal declaration under Article III-300 (1), second subparagraph, shall not be obliged to contribute to the financing thereof. 3. The Council shall adopt a European decision establishing the specific procedures for guaranteeing rapid access to appropriations in the Union budget for urgent financing of initiatives in the framework of the common foreign and security policy, and in particular for preparatory activities for the tasks referred to in Article I-41(1) and Article III-309. It shall act after consulting the European Parliament. Preparatory activities for the tasks referred to in Article I-41 (1) and Article III-309 which are not charged to the Union budget shall

Treaty on European Union(Lisbon)	European Constitution
the amounts allocated to the fund; (b) the procedures for administering the start-up fund; (c) the financial control procedures. When the task planned in accordance with 42 (1) cannot be charged to the Union budget, the Council shall authorise the High Representative to use the fund. The High Representative shall report to the Council on the implementation of this remit.	be financed by a start-up fund made up of Member States' contributions. The Council shall adopt by a qualified majority, on a proposal from the Union Minister for Foreign Affairs, European decisions establishing: (a) the procedures for setting up and financing the start-up fund, in particular the amounts allocated to the fund; (b) the procedures for administering the start-up fund; (c) the financial control procedures. When the task planned in accordance with Article I-41(1) and Article III-309 cannot be charged to the Union budget, the Council shall authorise the Union Minister for Foreign Affairs to use the fund. The Union Minister for Foreign Affairs shall report to the Council on the implementation of this remit.
PROVISIONS ON THE COMMON SECURITY AND DEFENCE POLICY **Article 42[28a]** 1. The common security and defence policy shall be an integral part of the common foreign and security policy. It shall provide the Union with an operational capacity drawing on civil and military	**ARTICLE I -41** Specific provisions relating to the common security and defence policy: 1. The common security and defence policy shall be an integral part of the common foreign and security policy. It shall provide the Union with an operational capacity drawing on civil and military assets.

Treaty on European Union(Lisbon)	European Constitution
assets. The Union may use them on missions outside the Union for peace-keeping, conflict prevention and strengthening international security in accordance with the principles of the United Nations Charter. The performance of these tasks shall be undertaken using capabilities provided by the Member States. 2. The common security and defence policy shall include the progressive framing of a common Union defence policy. This will lead to a common defence, when the European Council, acting unanimously, so decides. It shall in that case recommend to the Member States the adoption of such a decision in accordance with their respective constitutional requirements. The policy of the Union in accordance with this Section shall not prejudice the specific character of the security and defence policy of certain Member States and shall respect the obligations of certain Member States, which see their common defence realised in the North Atlantic Treaty Organisation (NATO), under the North Atlantic Treaty and be compatible with the common security and defence policy established within that framework. 3. Member States shall make civilian and military capabilities available to the Union for the implementation of the common security and defence policy, to contribute	The Union may use them on missions outside the Union for peace-keeping, conflict prevention and strengthening international security in accordance with the principles of the United Nations Charter. The performance of these tasks shall be undertaken using capabilities provided by the Member States. 2. The common security and defence policy shall include the progressive framing of a common Union defence policy. This will lead to a common defence, when the European Council, acting unanimously, so decides. It shall in that case recommend to the Member States the adoption of such a decision in accordance with their respective constitutional requirements. The policy of the Union in accordance with this Article shall not prejudice the specific character of the security and defence policy of certain Member States, it shall respect the obligations of certain Member States, which see their common defence realised in the North Atlantic Treaty Organisation, under the North Atlantic Treaty12, and be compatible with the common security and defence policy established within that framework.

Treaty on European Union(Lisbon)	European Constitution
to the objectives defined by the Council. Those Member States which together establish multinational forces may also make them available to the common security and defence policy. Member States shall undertake progressively to improve their military capabilities. The Agency in the field of defence capabilities development, research, acquisition and armaments (European Defence Agency) shall identify operational requirements, shall promote measures to satisfy those requirements, shall contribute to identifying and, where appropriate, implementing any measure needed to strengthen the industrial and technological base of the defence sector, shall participate in defining a European capabilities and armaments policy, and shall assist the Council in evaluating the improvement of military capabilities. 4. Decisions relating to the common security and defence policy, including those initiating a mission as referred to in this Article, shall be adopted by the Council acting unanimously on a proposal from the High Representative of the Union for Foreign Affairs and Security Policy or an initiative from a Member State. The High Representative may propose the use of both national resources and Union instruments, together with the Commission where appropriate. 5. The Council may entrust the execution	3. Member States shall make civilian and military capabilities available to the Union for the implementation of the common security and defence policy, to contribute to the objectives defined by the Council. Those Member States which together establish multinational forces may also make them available to the common security and defence policy. Member States shall undertake progressively to improve their military capabilities. An Agency in the field of defence capabilities development, research, acquisition and armaments (European Defence Agency) shall be established to identify operational requirements, to promote measures to satisfy those requirements, to contribute to identifying and, where appropriate, implementing any measure needed to strengthen the industrial and technological base of the defence sector, to participate in defining a European capabilities and armaments policy, and to assist the Council in evaluating the improvement of military capabilities. 4. European decisions relating to the common security and defence policy, including those initiating a

Treaty on European Union(Lisbon)	European Constitution
of a task, within the Union framework, to a group of Member States in order to protect the Union's values and serve its interests. The execution of such a task shall be governed by Article 44. 6. Those Member States whose military capabilities fulfil higher criteria and which have made more binding commitments to one another in this area with a view to the most demanding missions shall establish permanent structured cooperation within the Union framework. Such cooperation shall be governed by Article 46. It shall not affect the provisions of Article 43. 7. If a Member State is the victim of armed aggression on its territory, the other Member States shall have towards it an obligation of aid and assistance by all the means in their power, in accordance with Article 51 of the United Nations Charter. This shall not prejudice the specific character of the security and defence policy of certain Member States. Commitments and cooperation in this area shall be consistent with commitments under the North Atlantic Treaty Organisation, which, for those States which are members of it, remains the foundation of their collective defence and the forum for its implementation.	mission as referred to in this Article, shall be adopted by the Council acting unanimously on a proposal from the Union Minister for Foreign Affairs or an initiative from a Member State. The Union Minister for Foreign Affairs may propose the use of both national resources and Union instruments, together with the Commission where appropriate. 5. The Council may entrust the execution of a task, within the Union framework, to a group of Member States in order to protect the Union's values and serve its interests. The execution of such a task shall be governed by Article III-310. 6. Those Member States whose military capabilities fulfil higher criteria and which have made more binding commitments to one another in this area with a view to the most demanding missions shall establish permanent structured cooperation within the Union framework. Such cooperation shall be governed by Article III-312. It shall not affect the provisions of Article III- 309. 7. If a Member State is the victim of armed aggression on its territory, the other Member States shall have towards it an obligation of aid and

续表

Treaty on European Union(Lisbon)	European Constitution
	assistance by all the means in their power, in accordance with Article 51 of the United Nations Charter. This shall not prejudice the specific character of the security and defence policy of certain Member States. Commitments and cooperation in this area shall be consistent with commitments under the North Atlantic Treaty Organisation, which, for those States which are members of it, remains the foundation of their collective defence and the forum for its implementation. 8. The European Parliament shall be regularly consulted on the main aspects and basic choices of the common security and defence policy. It shall be kept informed of how it evolves.
Article 43[28b] 1. The tasks referred to in Article 42(1), in the course of which the Union may use civilian and military means, shall include joint disarmament operations, humanitarian and rescue tasks, military advice and assistance tasks, conflict prevention and peace-keeping tasks, tasks of combat forces in crisis management, including peace-making and postconflict stabilisation. All these tasks may contribute to the fight against terrorism, including by supporting third countries in combating terrorism	**ARTICLE III-309** 1. The tasks referred to in Article I-41(1), in the course of which the Union may use civilian and military means, shall include joint disarmament operations, humanitarian and rescue tasks, military advice and assistance tasks, conflict prevention and peace-keeping tasks, tasks of combat forces in crisis management, including peace-making and post-conflict stabilisation. All these tasks may contribute to the

Treaty on European Union(Lisbon)	European Constitution
in their territories. 2. The Council shall adopt decisions relating to the tasks referred to in paragraph 1, defining their objectives and scope and the general conditions for their implementation. The High Representative of the Union for Foreign Affairs and Security Policy, acting under the authority of the Council and in close and constant contact with the Political and Security Committee, shall ensure coordination of the civilian and military aspects of such tasks.	fight against terrorism, including by supporting third countries in combating terrorism in their territories. 2. The Council shall adopt European decisions relating to the tasks referred to in paragraph 1, defining their objectives and scope and the general conditions for their implementation. The Union Minister for Foreign Affairs, acting under the authority of the Council and in close and constant contact with the Political and Security Committee, shall ensure coordination of the civilian and military aspects of such tasks.
Article 44[28c] 1. Within the framework of the decisions adopted in accordance with Article 43, the Council may entrust the implementation of a task to a group of Member States which are willing and have the necessary capability for such a task. Those Member States, in association with the High Representative of the Union for Foreign Affairs and Security Policy, shall agree among themselves on the management of the task. 2. Member States participating in the task shall keep the Council regularly informed of its progress on their own initiative or at the request of another Member State.	**ARTICLE III-310** 1. Within the framework of the European decisions adopted in accordance with Article III-309, the Council may entrust the implementation of a task to a group of Member States which are willing and have the necessary capability for such a task. Those Member States, in association with the Union Minister for Foreign Affairs, shall agree among themselves on the management of the task. 2. Member States participating in the task shall keep the Council regularly informed of its progress on

Treaty on European Union(Lisbon)	European Constitution
Those States shall inform the Council immediately should the completion of the task entail major consequences or require amendment of the objective, scope and conditions determined for the task in the decisions referred to in paragraph 1. In such cases, the Council shall adopt the necessary decisions.	their own initiative or at the request of another Member State. Those States shall inform the Council immediately should the completion of the task entail major consequences or require amendment of the objective, scope and conditions determined for the task in the European decisions referred to in paragraph 1. In such cases, the Council shall adopt the necessary European decisions.
Article 45 [28d] 1. The European Defence Agency referred to in Article 42(3), subject to the authority of the Council, shall have as its task to: (a) contribute to identifying the Member States' military capability objectives and evaluating observance of the capability commitments given by the Member States; (b) promote harmonisation of operational needs and adoption of effective, compatible procurement methods; (c) propose multilateral projects to fulfil the objectives in terms of military capabilities, ensure coordination of the programmes implemented by the Member States and management of specific cooperation programmes; (d) support defence technology research, and coordinate and plan joint research activities and the study of technical	**ARTICLE III-311** 1. The Agency in the field of defence capabilities development, research, acquisition and armaments (European Defence Agency), established by Article I-41 (3) and subject to the authority of the Council, shall have as its task to: (a) contribute to identifying the Member States' military capability objectives and evaluating observance of the capability commitments given by the Member States; (b) promote harmonisation of operational needs and adoption of effective, compatible procurement methods; (c) propose multilateral projects to fulfil the objectives in terms of

续表

Treaty on European Union(Lisbon)	European Constitution
solutions meeting future operational needs; (e) contribute to identifying and, if necessary, implementing any useful measure for strengthening the industrial and technological base of the defence sector and for improving the effectiveness of military expenditure. 2. The European Defence Agency shall be open to all Member States wishing to be part of it. The Council, acting by a qualified majority, shall adopt a decision defining the Agency's statute, seat and operational rules. That decision should take account of the level of effective participation in the Agency's activities. Specific groups shall be set up within the Agency bringing together Member States engaged in joint projects. The Agency shall carry out its tasks in liaison with the Commission where necessary.	military capabilities, ensure coordination of the programmes implemented by the Member States and management of specific cooperation programmes; (d) support defence technology research, and coordinate and plan joint research activities and the study of technical solutions meeting future operational needs; (e) contribute to identifying and, if necessary, implementing any useful measure for strengthening the industrial and technological base of the defence sector and for improving the effectiveness of military expenditure. 2. The European Defence Agency shall be open to all Member States wishing to be part of it. The Council, acting by a qualified majority, shall adopt a European decision defining the Agency's statute, seat and operational rules. That decision should take account of the level of effective participation in the Agency's activities. Specific groups shall be set up within the Agency bringing together Member States engaged in joint projects. The Agency shall carry out its tasks in liaison with the Commission where necessary.

续表

Treaty on European Union(Lisbon)	European Constitution
Article 46〔28e〕	**ARTICLE Ⅲ-312**
1. Those Member States which wish to participate in the permanent structured co-operation referred to in Article 42 (6), which fulfil the criteria and have made the commitments on military capabilities set out in the Protocol on permanent structured cooperation, shall notify their intention to the Council and to the High Representative of the Union for Foreign Affairs and Security Policy.	1. Those Member States which wish to participate in the perma-nentstructured cooperation referred to in Article I-41(6), which fulfil the criteriaand have made the commitments on military capabilities set out in the Protocol on permanent structured cooperation shall notify their intention to the Council and to the Union Minister for Foreign Affairs.
2. Within three months following the notification referred to in paragraph 1 the Council shall adopt a decision establishing permanent structured cooperation and determining the list of participating Member States. The Council shall act by a qualified majority after consulting the High Representative.	2. Within three months following the notification referred to in paragraph 1 the Council shall adopt a European decision establishing permanent structured cooperation and determining the list of participating Member States. The Council shall act by a qualified majority after consulting the Union Minister for Foreign Affairs.
3. Any Member State which, at a later stage, wishes to participate in the permanent structured cooperation shall notify its intention to the Council and to the High Representative. The Council shall adopt a decision confirming the participation of the Member State concerned which fulfils the criteria and makes the commitments referred to in Articles 1 and 2 of the Protocol on permanent structured cooperation. The Council shall act by a qualified majority after consulting the High Representative. Only members of the Council representing the participating	3. Any Member State which, at a later stage, wishes to participate in the permanent structured cooperation shall notify its intention to the Council and to the Union Minister for Foreign Affairs. The Council shall adopt a European decision confirming the participation of the Member State concerned which fulfils the criteria and makes the commitments referred to in Articles 1 and

Treaty on European Union (Lisbon)	European Constitution
Member States shall take part in the vote. A qualified majority shall be defined in accordance with Article 238 (3) (a) of the Treaty on the Functioning of the Union. 4. If a participating Member State no longer fulfils the criteria or is no longer able to meet the commitments referred to in Articles 1 and 2 of the Protocol on permanent structured cooperation, the Council may adopt a decision suspending the participation of the Member State concerned. The Council shall act by a qualified majority. Only members of the Council representing the participating Member States, with the exception of the Member State in question, shall take part in the vote. A qualified majority shall be defined in accordance with Article 238 (3) (a) of the Treaty on the Functioning of the Union. 5. Any participating Member State which wishes to withdraw from permanent structured cooperation shall notify its intention to the Council, which shall take note that the Member State in question has ceased to participate. 6. The decisions and recommendations of the Council within the framework of permanent structured cooperation, other than those provided for in paragraphs 2 to 5, shall be adopted by unanimity. For the	2 of the Protocol on permanent structured cooperation. The Council shall act by a qualified majority after consulting the Union Minister for Foreign Affairs. Only members of the Council representing the participating Member States shall take part in the vote. A qualified majority shall be defined as at least 55% of the members of the Council representing the participating Member States, comprising at least 65% of the population of these States. A blocking minority must include at least the minimum number of Council members representing more than 35% of the population of the participating Member States, plus one member, failing which the qualified majority shall be deemed attained. 4. If a participating Member State no longer fulfils the criteria or is no longer able to meet the commitments referred to in Articles 1 and 2 of the Protocol on permanent structured cooperation, the Council may adopt a European decision suspending the participation of the Member State concerned. The Council shall act by a qualified majority. Only members of the Council representing

Treaty on European Union(Lisbon)	European Constitution
purposes of this paragraph, unanimity shall be constituted by the votes of the representatives of the participating Member States only.	the participating Member States, with the exception of the Member State in question, shall take part in the vote. A qualified majority shall be defined as at least 55% of the members of the Council representing the participating Member States, comprising at least 65% of the population of these States. A blocking minority must include at least the minimum number of Council members representing more than 35% of the population of the participating Member States, plus one member, failing which the qualified majority shall be deemed attained. 5. Any participating Member State which wishes to withdraw from permanent structured cooperation shall notify its intention to the Council, which shall take note that the Member State in question has ceased to participate. 6. The European decisions and recommendations of the Council within the framework of permanent structured cooperation, other than those provided for in paragraphs 2 to 5, shall be adopted by unanimity. For the purposes of this paragraph, unanimity shall be constituted by the votes of the representatives of the participating Member States only.